Teoria da
Riqueza

INSTITUTO PHORTE EDUCAÇÃO
PHORTE EDITORA

Diretor-Presidente
Fabio Mazzonetto

Diretora Financeira
Vânia M.V. Mazzonetto

Editor-Executivo
Fabio Mazzonetto

Diretora Administrativa
Elizabeth Toscanelli

CONSELHO EDITORIAL

Educação Física
Francisco Navarro
José Irineu Gorla
Paulo Roberto de Oliveira
Reury Frank Bacurau
Roberto Simão
Sandra Matsudo

Educação
Marcos Neira
Neli Garcia

Fisioterapia
Paulo Valle

Nutrição
Vanessa Coutinho

Robson Eduardo Profeta

Teoria da
Riqueza

Um convite à reflexão

São Paulo, 2016

Teoria da riqueza: um convite à reflexão
Copyright © 2016 by Phorte Editora

Rua Rui Barbosa, 408
Bela Vista – São Paulo – SP
CEP 01326-010
Tel./fax: (11) 3141-1033
Site: www.phorte.com.br
E-mail: phorte@phorte.com.br

Nenhuma parte deste livro pode ser reproduzida ou transmitida de qualquer forma, sem autorização prévia por escrito da Phorte Editora Ltda.

CIP-BRASIL. CATALOGAÇÃO NA PUBLICAÇÃO
SINDICATO NACIONAL DOS EDITORES DE LIVROS, RJ

P958t

    Profeta, Robson Eduardo
        Teoria da riqueza : um convite à reflexão / Robson Eduardo Profeta. - 1. ed. - São Paulo : Phorte, 2016.
        120 p. : il. ; 23 cm.

        ISBN 978-85-7655-624-4

        1. Finanças pessoais. 2. Educação financeira. I. Título.

16-34865	CDD: 332.024
	CDU: 330.567.2

ph2419.1

Este livro foi avaliado e aprovado pelo Conselho Editorial da Phorte Editora.

Impresso no Brasil
Printed in Brazil

Dedico este livro, primeiramente, à Força Criadora,
ainda muito longe da minha compreensão.

A todos aqueles que não detêm o saber,
mas que são amigos do saber, que amam o saber
e, por isso, buscam-no.

À minha amada família, que sempre esteve comigo,
sobretudo naqueles momentos
em que eu mesmo não estive.

E à minha esposa, força motriz no meu processo de
autoconhecimento.

APRESENTAÇÃO

Confesso ter lido diversas apresentações. Uma das minhas maiores preocupações é prender a atenção do leitor, pois muitos resolvem abandonar a leitura quando ainda estão na apresentação do livro.

Certa vez, escrevi um livro técnico sobre matemática financeira, contabilidade e planilha eletrônica. Ao tentar publicá-lo, recebi retorno de duas editoras dizendo que o material era bom, didático, contudo, deveria publicar os livros separadamente. No entanto, se minha ideia realmente era criar um livro sobre assuntos diferentes, mas de certa forma interligados, para que publicá-los separadamente? Estaria, de fato, jogando fora a minha ideia. Eu queria fazer o contrário, ou seja, criar um "guia de consultas" para matérias correlatas. Entretanto, quando reli a apresentação, não me convenci de minha própria ideia e, ao tentar reescrevê-lo, o tema não me animava e não conseguia continuar a leitura. Então, percebi que ainda não era a hora. Posterguei o plano de escrever um livro.

Precisei viver mais alguns anos e mergulhar profundamente na minha essência para entender que matemática, contabilidade e finanças eram só uma ponte para eu me encontrar com o meu verdadeiro propósito. E aqui estou, novamente, escrevendo, mas, desta vez, com um objetivo bem diferente. A *Teoria da Riqueza* instiga-me, inspira-me e desperta um profundo interesse em todas as pessoas com quem converso a respeito. O tema é um convite a uma verdadeira reflexão sobre riqueza, um mergulho em si mesmo e uma oportunidade para transformar a sua vida.

Este livro deixou de ser um sonho no dia 31 de dezembro de 2014, quando faltava 1 minuto para a virada do ano. Estava com a minha família em uma praia em Florianópolis e afirmei para mim mesmo: "Em 2015, utilizarei todo o conhecimento adquirido pelas experiências e pesquisas para ajudar as pessoas a encontrar um caminho que elas ainda não conhecem". E, assim, o sonho virou um objetivo e escrevi este livro!

Nesta obra, falo sobre a *Teoria da Riqueza*. Uso a palavra *teoria* porque aqui compilei o conjunto de regras que, em minha opinião, são aplicadas a respeito da riqueza e que têm sido um marco para os meus clientes de treinamento em finanças pessoais e corporativas.

Abordo assuntos como: pessoas que conseguem enriquecer; foco e planejamento; readaptação de mapa mental; o que nos move adiante; quais vocações, medos, frustrações e crenças temos; finanças pessoais; talentos; habilidades; hierarquia de valores; entre outros. Utilizarei casos reais, exemplos de familiares, amigos e clientes, sempre protegendo suas respectivas identidades.

A maioria das pessoas com quem converso quer enriquecer, ganhar muito dinheiro, assunto muito abordado em minhas palestras sobre *coaching* financeiro. Mas me permita contar um pouco sobre o significado de *coaching* antes de darmos continuidade.

O termo *coach*, em língua portuguesa, significa *treinador*. Ou seja, aquele que tem as ferramentas que irão auxiliar o outro na busca de objetivos.

Imagine que um cliente queira, na sessão de *coaching*, resolver um problema (aumentar o salário, ser promovido, melhorar seu relacionamento, emagrecer etc.). Um *coach* tem como objetivo, primeiramente, entender a situação atual do cliente, ou seja, enxergar a realidade, evitando interferências e julgamentos. Então, descobrir com o cliente qual o objetivo, que será o ponto aonde se quer chegar. Por último (e sempre juntos, *coach* e cliente), já conhecendo o ponto de partida e o de chegada, utilizar ferramentas que auxiliem o desenho e o planejamento do caminho que será traçado.

Quando falo em minhas palestras a respeito da *Teoria da Riqueza* e do *coaching* financeiro, ofereço aos participantes uma barganha: "Dou 30 milhões de reais em troca de 30 anos de sua vida. E, então, vocês topam?". Até hoje, ninguém aceitou! O curioso é que muitos aceitam ao contrário, ou seja, me dariam 30 milhões de reais em troca de rejuvenescer 30 anos. A conclusão é simples: dinheiro é muito bom, mas ter vida para viver é absurdamente melhor.

Ainda assim, caso seu objetivo seja ganhar dinheiro, reforço que este livro vai ajudá-lo. Essa questão será abordada no segundo capítulo, no qual entenderemos um pouco mais que o dinheiro é um meio, e não um fim.

Vou, também, contar um pouco da minha experiência com finanças e dividir algumas histórias curiosas (por exemplo: minha evolução na carreira, sorte, destino, desconhecimento vocacional, habilidades e talentos), e, assim, criar um vínculo com os capítulos. Aproveite para mergulhar nessas histórias e vivências pessoais.

Avaliaremos por que algumas pessoas gastam horas e horas discutindo lâminas de investimento,[1] mesmo que o ganho gerado seja menor que a conta de um jantar. Ou seja, por que gastamos tanto tempo avaliando investir em CDB[2] ou em um título público se nem ao certo sabemos o quanto realmente estamos ganhando e o que ganhamos (perdemos facilmente com a falta de controle de nossas finanças).

Será que paramos realmente para pensar no tempo que gastamos para decidir qual o melhor investimento, se, em contrapartida, consumimos coisas que destroem nosso poder de obtenção de riqueza? Melhor que isso, será que realmente entendemos a razão pela qual compramos um carro melhor, uma casa maior, vários pares de sapatos, bolsas, ou por que temos compulsão em comprar?

Falaremos também sobre qual nosso propósito real de vida, qual a diferença entre *emprego* e *trabalho*, sobre satisfação pessoal e sobre alguns exemplos que certamente irão auxiliá-lo, de forma simples e objetiva, a colocar sua vida em perspectiva.

Durante a leitura, darei dicas de ferramentas que auxiliarão o processo de descoberta do trabalho ideal, as quais, associadas a outros tópicos deste livro, trarão uma base sólida, essencial na busca do seu autoconhecimento, de sua independência e de seu sucesso financeiro.

A *Teoria da Riqueza* será dividida em:

- Qual sua meta financeira?
- Autoconhecimento vocacional.
- *Coaching* financeiro.

Desejo que este livro, de alguma forma, seja-lhe útil e que humildemente o auxilie na busca de seus objetivos. Aos 40 anos, eu ainda não sabia quais eram os meus!

Tenha uma excelente leitura!

---

[1] *Lâmina de investimento* é um documento do banco que explica cada um dos investimentos de que o banco dispõe e suas características, como rendimento médio, taxa de administração, perfil do investidor etc.

[2] *Certificado de Depósito Bancário* (CDB) é um título nominativo privado, emitido por instituições financeiras e vendido ao público como forma de captação de recursos, negociado a partir de uma taxa pré-fixada ou pós-fixada.

SUMÁRIO

1 Meta financeira 13

2 Autoconhecimento (*self scan*) 33

    2.1 Hierarquia de valores 36

    2.2 Trabalho *versus* emprego... 45

    2.3 Propósito de vida 52

    2.4 Habilidades e talentos 58

    2.5 Escolha seu personagem 69

3 *Coaching* financeiro 77

    3.1 Ativos que geram riqueza 82

    3.2 Juros *versus* renda 86

    3.3 Controle financeiro 91

4 "Extra-ação" 103

Bibliografia 115

1
2
3
4
B

Meta financeira

Eu seria injusto com os demais capítulos deste livro se afirmasse que este é o mais importante. No entanto, devo confessar que este capítulo é a estrela-guia que vai iluminar o caminho do leitor para a tão sonhada riqueza.

Aqui, refletiremos sobre objetivos e, principalmente, sobre um novo e revolucionário entendimento a respeito da riqueza. Antes, porém, leia um trecho muito significativo do diálogo entre Alice e o Gato de Cheshire no livro de Lewis Carroll *Alice no País das Maravilhas* (1998, p. 84).

> "Poderia me dizer, por favor, qual o caminho que devo tomar para sair daqui?"
>
> "Isso depende muito de onde você quer chegar", disse o Gato.
>
> "O lugar não me importa muito...", disse Alice.
>
> "Então não importa que caminho você vai tomar", disse o Gato.

Trocando em miúdos, se não tivermos claro aonde queremos chegar, a decisão do caminho a seguir será irrelevante; ao contrário, se soubermos com clareza onde estamos e aonde queremos chegar, teremos maior facilidade em planejar o caminho pela frente, e o resultado será muito mais eficaz.

Imagine meu trabalho como *coach*. Preciso ajudar meu cliente a entender onde está hoje (chamemos de ponto A). Depois, entendermos juntos aonde quer chegar (chamaremos de ponto B). E, por último, definirmos as estratégias para caminhar de A para B, de forma produtiva e efetiva.

Há metas que consideramos possíveis em determinado momento de nossas vidas. Por exemplo: comprar um carro ou uma casa, fazer uma viagem... Nós nos programamos e vemos as coisas acontecerem. Entretanto, a primeira reação ao nos defrontarmos com algo complexo é repelir ou postergar o desejo, e, então, elaborarmos crenças que nos ajudem a sabotá-lo.

Suponha que eu tenha um Fusca fabricado em 1970, e afirme: "Quero comprar uma Ferrari".

Então, vou a um *site* de busca e percebo que o veículo custa em torno de 2 milhões de reais. Logo, um pensamento me acomete: "Bem, deixa pra lá, tenho coisas mais importantes a fazer". Ou, talvez: "Nunca gostei de carro italiano mesmo". Ou, ainda, quem sabe: "Com a violência que anda por aí, para que comprar uma Ferrari?".

É comum boicotarmos metas que trarão muito esforço, principalmente quando o nosso cérebro não tem o mapa mental para fazer essa conquista acontecer.

Imagine agora que eu tenha um carro que custe cerca de 90% do valor da Ferrari. Possivelmente, meu cérebro construirá um mapa mental para que a compra ocorra. Em outras palavras, se estivesse faltando apenas 10% para eu comprar uma Ferrari, o plano seria tangível, e eu iniciaria um processo de planejamento. Ou seja, nosso cérebro mapeia o que acreditamos ser possível. Basta você olhar o que já tem hoje e imaginar-se há 10 anos. Talvez, se você retrocedesse sua vida esse tempo, não acreditasse que poderia conseguir o que conseguiu.

O problema aqui é que grandes conquistas, na maioria das vezes, exigem esforços enormes, e é nesse ponto que damos um passo para trás. Imagine outro exemplo: "Meu sonho é me tornar o presidente de uma empresa multinacional. Para isso, preciso estudar inglês, juntar uma boa quantia de dinheiro para fazer um curso de MBA[1] fora do país, e, ainda assim, correr o risco de não chegar ao topo".

Algumas pessoas já se paralisam logo no começo, no primeiro passo, que é estudar inglês. Inconscientemente, começam a criar desculpas e, pior, acreditam nelas. Uma muito comum é: "Não tenho tempo!". Essas crenças sabotadoras estiveram, estão e estarão presentes em muitos momentos da nossa vida, mas é importante as detectarmos e não nos enganarmos.

Se você tem uma meta, avalie o que precisa ser feito, programe-se e faça acontecer.

Ainda falando de meta financeira, em um diálogo com um cliente em uma sessão de *coaching* financeiro, perguntei:

– O que é ser rico para você?

– Ganhar na loteria, sozinho – ele respondeu.

– Mas ganhar quanto? Vinte milhões está bom?

– Para mim, está ótimo!

– Entendi. Mas por que 20 milhões, e não 1 milhão?

– Pra que pedir 1 milhão, se posso pedir 20?

– Entendi, vou melhorar minha pergunta. Por que 20 milhões, e não 15?

– Tudo bem, você venceu, pode ser 15 milhões! – Ambos riram.

– Ok, mas continuo sem entender por qual razão quer 20 ou 15 milhões, e não apenas 1 milhão – insisti.

– Porque com 1 milhão eu teria que continuar trabalhando!

---

[1] *Master in Business Administration* é um curso eficaz na formação de gestores.

Era exatamente o que eu queria ouvir.

É a primeira afirmação importante que precisamos entender para que possamos desenhar qual caminho seguir. Nesse exemplo, o cliente está confundindo *riqueza* com *hierarquia de valores*, e isso ficará claro como cristal nos próximos capítulos.

Deixe-me contar uma história que aconteceu comigo há aproximadamente três anos. Meu filho estava em casa com os amigos conversando sobre diversos assuntos, e meu sobrinho fez a seguinte brincadeira:

— Não quero chegar aos 30 anos com um corpo malhado, quero é ser bem barrigudo e encostar meu umbigo no volante da minha Porsche!

Todos riram.

Iniciou-se ali uma discussão acerca de riqueza, felicidade, saúde, e, repentinamente, minha filha, que na ocasião tinha uns 16 anos, falou:

— É fácil entender o que é ser rico.

— Vamos ouvir o que a sabichona tem para falar, pois eu, com mais de 20 anos na área financeira, estou longe de ser rico — retruquei.

— Não acho fácil ser rico, acho fácil entender o que é ser rico.

— Entendi. Pode me dizer, então, o que pensa, sem enrolação?

— Sim! Para mim, ser rica não é ter uma Porsche na garagem, até porque eu não gosto de carros e, portanto, a medida de riqueza, para mim, não é carro.

Achei que ela estava querendo "filosofar demais", e não falar sobre dinheiro, mas, lá no fundo, queria ouvir o que tinha a dizer. Os meninos ficaram atentos e curiosos com a explicação.

— Eu acho que ser rico é ganhar dinheiro de algum lugar, sem precisar trabalhar, e que esse dinheiro pague minhas despesas.

Naquele momento, meu cérebro sofreu um curto-circuito. Calei-me. Não estava mais ali. Comecei a analisar variáveis diversas. Como posso definir que uma Porsche na garagem é mensuração de riqueza se não quero ter uma Porsche? Para que viajar toda semana se, de fato, na terceira viagem já estaria entediado ou mesmo se morro de medo de avião? Quantas coisas nós conseguimos comprar e, no momento seguinte, perdemos o interesse por elas? Minha nossa, ela tinha razão!

Eu ouvia todos os jovens falando concomitantemente, e eu estava ali, bem ali, e, ao mesmo tempo, bem longe de todos. Só me lembro do sorriso no rosto de minha esposa me olhando. Ela tinha captado a mensagem: nossa filha tinha feito um comentário simples, mas brilhante!

Após muito tempo pensando e lendo a respeito do assunto "riqueza", pude entender que minha filha tinha razão. Talvez a riqueza seja receber uma renda, sem empregar minha mão de obra, e que essa renda seja capaz de pagar o custo de vida que eu decidi ter.

Vamos facilitar ainda mais a explicação.

Se meu custo de vida é de apenas mil reais por mês, e eu tiver um apartamento que valha 200 mil reais e o coloque para alugar e receba algo em torno de 0,5% ao mês, ou seja, 1.000 reais, então tecnicamente estou rico? Sim! Se eu decidir viver com 1.000 reais ao mês, e meu patrimônio, no caso o apartamento alugado, gerar um ganho de mil reais ao mês, estou tecnicamente rico.

Veja bem. Fatores como perder o inquilino, crise econômica, aluguel abaixo de 0,5%, falta de liquidez, outros investimentos mais rentáveis, nada disso invalida a *Teoria da Riqueza*. Não vamos discutir nuances de investimento neste momento, qual melhor ativo[2] *versus* perfil de investidor etc. A mensagem é ter um ativo que lhe gere renda suficiente para seu custo de vida. E se o problema for medo de perder o inquilino, talvez tenha que aumentar o patrimônio para aumentar a renda e reduzir o risco.

---

[2] *Ativos* são bens e direitos. Seu dinheiro em conta corrente, seus investimentos, seu veículo, seus estoques, seus valores a receber, seu apartamento...

Alguns dirão que não são 0,5% ao mês, dirão que são 0,42876866%, ou mesmo que o mercado de ações é melhor que o mercado imobiliário. Não importa onde você vai investir. O tema deve ser mais bem estudado quando você já tiver entendido a base da *Teoria da Riqueza*. O importante é entender o conceito do cálculo que perpetua a riqueza.

Vamos iniciar pensando: qual o custo de vida que você deseja ter?

Imagine ainda que queira manter tudo o que colocou no cálculo, mas não queira trabalhar.

Proponho, então, fazermos um cálculo invertido, descobrindo qual o valor do patrimônio necessário para que possa pagar por esse custo. A pergunta é: qual valor seus investimentos precisam render para que você mantenha o seu padrão de vida atual ou desejado, sem precisar trabalhar? No exemplo já citado, os 200 mil reais de patrimônio serviriam para bancar o custo de vida mensal de mil reais.

Recorda-se da história da Alice? Pois é, o valor de patrimônio é seu ponto B, ou melhor, seu objetivo a alcançar para obter rendimentos que paguem seu custo de vida.

Então, você pensa: "No meu caso, não são mil reais ao mês, mas, sim, 10 mil reais".

Minha resposta será: "Então talvez tenha de economizar 2 milhões de reais em vez de 200 mil, considerando os mesmos 0,5% de rendimento líquido".

Se você, por exemplo, achar um investimento que lhe remunere a 1% ao mês em vez de 0,5%, você precisará então de 1 milhão de reais, e não de 2 milhões, variando para baixo ou para cima, de acordo com a remuneração do investimento.

Defina primeiro qual custo de vida deseja ter sem precisar trabalhar. Trabalhe com metas ousadas, mas não impossíveis. Todos querem receber 100 mil reais por mês e morar na praia sem ter que trabalhar, mas, para ganhar 100 mil reais por mês, talvez seja preciso juntar um patrimônio de 20 milhões de reais e conseguir uma renda média de 0,5% sobre o ativo investido.

Se quiser 100 mil reais ao mês e seus cálculos o fizerem chegar aos 20 milhões de reais como meta, talvez desista. Seja coerente, senão ouvirá de si mesmo um "*não*" antes de começar. Recorda-se da história do Fusca e da Ferrari?

Podemos entender, então, que ser rico não é necessariamente adquirir uma Ferrari, ter uma casa luxuosa à beira da praia ou mesmo um apartamento de 500 m^2 no bairro mais nobre de sua cidade, mas, sim, ter um patrimônio que gere renda e pague as despesas que você decidiu ter, sem que precise trabalhar para isso.

É nesse ponto que nos perdemos. Quando temos um salário de 5 mil reais, gastamos 4 mil reais ou, às vezes, estouramos a conta corrente gastando mais do que ganhamos. Desfilamos carros exuberantes, fazemos churrasco para os amigos, compramos ternos alinhados, sapatos e bolsas, tudo como forma de reconhecimento social. E quer saber? Não há nenhum problema em querer mostrar nosso sucesso.

Como muito bem abordado no livro *Como fazer amigos e influenciar pessoas*, Carnegie (2012) reforça que todos estamos em busca de algum tipo de reconhecimento. Pode ser um erro negar que queremos reconhecimento. Quantos de nós já não quisemos mostrar o carro novo para alguém, convidar amigos para conhecer nosso apartamento, postar viagens nas redes sociais, desfilar em trajes elegantes? E, na contramão, quantos de nós já não nos sentimos envergonhados de estar em condições sociais piores? Afinal, somos seres humanos, e tudo bem. Cada um sente e age de um jeito, em proporções diferentes. E isso ocorre pelo simples fato de possuirmos valores diferentes. Trataremos desse assunto, tão rico e de extrema necessidade no processo de autoconhecimento, no Capítulo 2.

Fiz algumas entrevistas com grupos distintos de pessoas e notei que existem três grupos de comportamento, do ponto de vista financeiro:

- Os endividados, não importando se ganham bem ou mal.
- Os que gastam quase tudo que ganham, não importando se ganham bem ou mal.
- E os ricos, não importando se ganham bem ou mal.

Como eu conhecia muito bem os dois primeiros grupos, pois meus clientes de *coaching* financeiro ou estavam endividados, ou queriam aprender a se controlar financeiramente, resolvi mergulhar e conhecer o comportamento do terceiro grupo, das pessoas ricas, pois queria aplicar suas ideias na vida dos meus amigos e clientes e, por que não, na minha. Obtive um excelente resultado: todas essas pessoas tinham padrões comportamentais semelhantes, pensavam em aquisições e investimentos da mesma forma. Então, resolvi mergulhar no assunto e escrever a *Teoria da Riqueza*.

As pessoas ricas entendem muito bem a diferença entre *salário* e *renda*. *Salário* é o dinheiro que você recebe por prestar serviço, pelo seu emprego, pela mão de obra que aplica em algo. Já a *renda* é algo que se recebe sem necessariamente ter um emprego. As pessoas que pensam como ricos, mesmo se ainda não alcançaram o patrimônio necessário para enriquecer, usam seus salários para, ao longo da vida, construir patrimônios que gerarão riqueza, ou seja, os 200 mil reais, os 2 milhões de reais ou os 20 milhões etc.

A maioria afirmou que um erro comum é aumentar as despesas na proporção do aumento dos ganhos. Vamos confessar: agimos desse modo na maioria das vezes. Pessoas assim estão situadas no segundo grupo de comportamento citado anteriormente. Se não somos ricos, há duas opções: ou estamos consumindo o que ganhamos para suprir nosso nível de insegurança, ou estamos endividados, lutando para sair do fundo do poço.

Certa vez, um dos meus entrevistados comentou: "As pessoas não entendem por que são estressadas. Na verdade, querem ganhar mais para gastar mais, e, assim, ganhar mais e, então, gastar mais. Vão mostrando ao mundo que tiveram sucesso, comprando, ostentando e comprando, querem mais, gastam mais... E, então, percebem que todo valor que ganham traz um grau de responsabilidade proporcional, um grau de medo, de insegurança, de horas adicionais de trabalho, de pressão, de falta de tempo com a família, com os amigos... Algo que beira o desumano! E, por isso, as pessoas acabam desenvolvendo doenças como estresse, depressão, ansiedade, infarto, síndrome do pânico...". E tudo isso ocorre pelo medo de perder um salário magnífico, *status*, poder, viagens, conforto etc.

Esse modelo de vida tem levado a um ciclo no qual quanto maior o ganho, maior o custo de vida, maior a responsabilidade e a cobrança e, consequentemente, maior a insegurança.

Se você está vivendo nesse ciclo tão avassalador, pode criar uma alternativa por meio da construção de um patrimônio que gere renda e que permita que você faça escolhas mais saudáveis, que trabalhe de forma mais leve e ainda mantenha um padrão de vida adequado.

"Às vezes, é melhor ser o bobo da corte em um castelo de pedras do que o rei em um castelo de areia." O comentário de meu cliente fez todo sentido para mim. Quando temos 20 anos, não conseguimos nos ver com 40. É algo tão distante que nosso pensamento sequer alcança. Aos 30, até acreditamos que vamos ter 40 anos, mas ainda não temos certeza. E, então, os 40 chegam e, com a idade, a percepção real de que a vida passa muito rápido e de que gastamos grande parte dela consumindo recursos em vez de construirmos um patrimônio que nos deixe ricos. Depois de conhecer todos esses conceitos, você deve estar pensando: "Devo continuar gastando ou devo guardar tudo o que ganho? Devo me planejar para parar de trabalhar aos 50 ou

60 anos ou terei de trabalhar a vida toda para não perder meu poder aquisitivo?".

A resposta é muito simples: avalie o quanto você precisa economizar para construir seu patrimônio (e isso não significa deixar de se divertir ou viver economizando, até porque sua diversão também deve fazer parte do seu planejamento financeiro), mas seja consciente (divertir-se não significa jogar dinheiro fora). Estamos falando do sábio caminho do meio, ou seja, guardar uma parte e usar a outra parte de sua renda.

A maioria de meus clientes consegue, após iniciar suas conciliações diárias, cortar entre 15% e 20% dos gastos com itens supérfluos e redirecionar o valor para investimentos. Assim, constroem seu patrimônio. O mais interessante é que todos eles, quando começam a fazer o acompanhamento mensal e percebem que o plano é factível, aumentam o grau de comprometimento de forma exponencial.

Em meu fluxo de caixa, por exemplo, tenho uma linha de despesas que apelidei de "besteiras". Esses gastos, apesar de supérfluos, estão programados, portanto, não boicotam meu plano, pois estão planejados.

Defini, ainda, uma recompensa para mim. Se sobrar dinheiro em caixa, porque gastei menos do que devia, arrumo uma forma de gastar. E aí nasceu na minha casa o "Feliz Dia do Nada". Presenteio minha família, e a mim também, em gratidão ao bom mês. É sempre uma surpresa. Esse sentimento agradável faz minha família entender o quão divertido é ter controle das finanças. Não tem nada de chato e metódico em ser financeiramente controlado, acredite.

Conheci uma pessoa que tinha um salário mensal de 1.500 reais, e ela me disse conseguir viver sem grandes apertos. Fazia mercado, pagava água, luz, telefone e até estava quitando dez parcelas de um computador que comprou para o filho. Agora, imagine se ela conseguisse comprar um apartamento de 300 mil reais e o colocasse para alugar. Se o apartamento lhe rendesse 0,5% ao mês, teria os mesmos 1.500 reais, sem precisar trabalhar.

Vamos além. A casa em que ela morava estava avaliada em 330 mil reais, ou seja, se fosse morar com a mãe, aliás, desejo dela e da mãe, e colocasse seu imóvel para alugar por 1.500 reais (ou 1.000 reais, para os mais conservadores) e continuasse trabalhando, teria a renda de aluguel acrescida do salário.

E se os dois filhos dela trabalhassem e conseguissem aumentar as forças para, juntos, alcançarem os 300 mil reais com uma renda de mil reais cada? Estamos falando de, aproximadamente, 4.500 reais de renda familiar.

Como mencionei, ela tem um custo de vida de 1.500 reais por mês para manter a casa, que poderia até diminuir se ela fosse morar com a mãe. Sendo conservador, vou manter o valor. Imaginemos que cada filho gaste 750 reais dos mil reais que cada um ganha, ou seja, os dois juntos gastariam com passeios, roupas, entre outros, 1.500 reais por mês. Desse modo, o gasto total da família seria de 3 mil reais para uma renda familiar de 4.500 reais. Essa família consegue poupar 1.500 reais por mês. Em 16 anos, teria mais uma casa de 300 mil reais, considerando que ficarão esse período ganhando o mesmo salário. Certamente surgirão questões: mas os filhos não casarão, não terão suas casas? Claro que sim, mas tendo clareza das finanças, controlando--se e sabendo aplicar em ativos que gerem renda, esses filhos casarão, explicarão para seu cônjuge como agir e, certamente, em 16, 20 ou 30 anos terão muito mais que 300 mil reais aplicados.

Vou dar outro exemplo. Uma pessoa de 47 anos que morava em um apartamento de aproximadamente 230 m² avaliado em cerca de 2 milhões e 500 mil reais. Além do apartamento, possuía uma casa no litoral paulista, avaliada em 600 mil reais. Vamos arredondar para baixo. Seu patrimônio era de, aproximadamente, 3 milhões de reais. A filha dele estuda nos Estados Unidos e custeia os próprios estudos. Ele mora em São Paulo com a esposa, é executivo de uma grande empresa e tem um excelente salário, mas passou a vida gastando dinheiro com excentricidades. Hoje, o medo e o cansaço o consumiram. Então, começamos o processo de *coaching*.

Ele disse que viveria tranquilamente em um apartamento de 75 m² se tivesse uma aposentadoria de 10 mil reais. Fizemos uma conta rápida:

Apartamento de 230 m² em São Paulo	2,5 milhões de reais
Casa em Ilhabela	0,5 milhão de reais
Total	**3 milhões de reais**
Novo apartamento de 75 m² + decoração	1 milhão de reais
Saldo disponível	**2 milhões de reais**

Com um patrimônio de 2 milhões de reais, ele pode comprar um, dois ou três apartamentos e alugá-los por 0,5% ao mês, conseguindo seus 10 mil reais sem precisar trabalhar.

Mas ele não queria investir tudo em imóveis. Queria investir, também, em ações que pagam dividendo, por receio do mercado imobiliário, e achava que os aluguéis não lhe dariam 0,5% de rendimento, mas, sim, 0,35%.

Um parêntese. Meu objetivo não é fomentar o investimento unicamente no mercado imobiliário, tampouco afirmar que um aluguel rende 0,5%, e não 0,38%, mas, sim, transmitir o conceito de recebimento de renda. Ação que remunera na forma de dividendos também é um tipo de renda, como existem outras, com percentuais menores e maiores que 0,5% ao mês. E não adianta falar que você deve vender tudo e colocar imóveis para alugar se tiver um valor de *segurança* muito forte. Trataremos disso adiante.

Voltando: ele resolveu investir em imóveis. Achou mais confortável que investir em ações (cada um tem um perfil de investidor).

Pensou o seguinte: "Como é uma renda, pesquiso bem, compro uns três imóveis de menor valor e alugo por um valor um pouco abaixo do mercado, ou seja, uns 0,4% ao mês, quem sabe. Dessa forma, terei um valor de aluguel atrativo, manterei meu condômino no local e garantirei uma renda de uns 8 mil reais ao mês. Essa renda vai me ajudar a aumentar meu patrimônio que gera renda, de 2 milhões, pois não quero parar de trabalhar no momento. Tenho mais alguns anos pela frente. Talvez eu construa um patrimônio adicional de mais 1 milhão de reais nos próximos anos e, com um rendimento de 0,4% ao mês, terei uma renda de 12 mil reais mensais e, então, pararei de trabalhar".

Seu pensamento fazia bastante sentido. Com sua renda de executivo, fazendo corretamente o controle financeiro (Capítulo 3 deste livro), conseguiria juntar, nos três anos seguintes, um patrimônio adicional, não de 1 milhão, mas de 1 milhão e 500 mil reais, o que traria um pouco mais que 12 mil ou 13 mil reais de renda. O que importa é pensar em adquirir ativo que gere renda.

Os exemplos nos ajudam a entender como funciona a *Teoria da Riqueza* em sua primeira parte. Vamos agora aos cálculos. Papel e caneta na mão!

Imagine qual será seu custo de vida quando for se aposentar. Ou seja, qual aposentadoria precisa para viver bem, sem trabalhar? Imagine que você tenha 30 anos de idade e queira se aposentar com 50 anos, ou seja, tem 20 anos de vida financeira pela frente para gerar o patrimônio desejado. Vamos pensar em um custo de vida desejado e no valor patrimonial necessário para gerar renda que pague esse custo de vida. Isso é meta financeira. É o ponto B do processo de *coaching*.

Vamos assumir as seguintes premissas como verdadeiras (aqui você tem a liberdade de fazer o que quiser). Use o exemplo a seguir para se guiar.

Suponha que você tenha 30 anos de idade e que, com 50 anos de idade, viverá apenas com sua esposa/seu marido. O(s) filho(s) já deve(m) ter assumido sua(s) própria(s) despesa(s) e responsabilidade(s).

Você tomará metade das despesas da casa, e seu cônjuge, a outra metade.

Suponha que ambos tenham previsto que, para viver uma boa vida, terão os seguintes gastos mensais:

Tabela 1.1 – Gastos mensais

Descrição	Valor mensal (R$)
Água, luz e telefone	250,00
Despesas com o veículo	500,00
Duas viagens por ano (R$ 12.000,00)	1.000,00
Plano de saúde	750,00
IPTU, condomínio, manutenção etc.	1.000,00
Mercado, feira etc.	750,00
TV a cabo e internet	250,00
Outras despesas	500,00
Custo de vida desejado	5.000,00

Agora, você sabe que seu custo de vida desejado é de 5 mil reais, ou 2.500 reais por pessoa (caso resolva dividir a responsabilidade financeira com seu cônjuge). Vamos aos cálculos.

Suponhamos que um aluguel pague ao proprietário do imóvel 0,5% do valor deste. Façamos, então, um cálculo de perpetuidade:

$$5.000,00 / 0,005 = 1.000.000,00$$

Em que:

5.000,00 = custo de vida projetado (Tabela 1.1);

0,005 = 0,5%, ou seja, rendimento previsto;

1.000.000,00 = patrimônio que precisa construir.

Em outras palavras, se você tiver um patrimônio avaliado em 1 milhão de reais, com um rendimento mensal de 0,5% ao mês, terá uma renda mensal de 5 mil reais.

Caso resolva dividir a responsabilidade financeira com seu cônjuge, cada um terá de juntar 500 mil reais nos próximos 20 anos. Mas não se esqueça de que é um patrimônio construído para gerar riqueza e de que você precisa morar em algum lugar. Vamos nomear *usufruto* o apartamento de moradia.

Imagine que já tenha um apartamento de 85 m² avaliado em 600 mil reais e dois veículos que somam 50 mil, ou seja, possui um patrimônio atual de 650 mil reais.

Observe o seguinte exercício: quando estiver morando sem seu filho, aos 50 anos de idade, precisará morar no mesmo bairro? Pode reduzir o espaço do apartamento? Que tal dois veículos mais baratos? Ou apenas um? Minha experiência com clientes e amigos é que um casal consegue, sem muito esforço, reduzir entre 30% e 50% de custos de moradia ao se aposentar.

Contemple sua nova situação: um apartamento de 60 m² com um custo por m² similar ao apartamento atual sairia por uns 400 mil reais, mais apenas um veículo no valor de 20 mil reais. Pronto! Você tem, hoje, um patrimônio de 650 mil reais, mas seu usufruto é de 420 mil, ou seja, já possui um patrimônio sobrando de 230 mil. Por mais que não queira vender seu atual apartamento, os 230 mil já trariam, aproximadamente, 1.000 reais de renda com aluguel. Entendemos que se mudar agora para 60 m² é inconveniente para você, então, pensemos na mudança apenas para daqui a 20 anos, tudo bem?

Se sobrarem 230 mil reais, não é necessário mais juntar 1 milhão de reais, mas, sim, a diferença, ou seja, 770 mil reais, melhor dizendo, 385 mil reais por pessoa. Se cada um aplicar 1.250 reais nos próximos 20 anos, com um rendimento real de 0,2% ao mês, conquistarão os 770 mil restantes.

E aqui mora o segredo da mente rica. Para que esperar 20 anos para juntar os 770 mil reais, se, quando juntar os primeiros 200 ou 300 mil reais, já podem comprar ativos que gerem renda e alugá-los, acelerando seus ganhos? Ou seja, chegariam em 770 mil reais em menos de 20 anos, gerando, assim, duas opções: se aposentar mais cedo, ou esperar os 20 anos e juntar mais que 770 mil reais, aumentando o valor de aposentadoria.

Quais são as pessoas que você conhece que têm 50 anos de idade e não precisam mais trabalhar? Que possuem renda mensal de 5 mil reais, além do seu usufruto? Consciência e planejamento são quesitos poderosos na busca da independência financeira.

É importante destacar que, quando se aposentar, a renda de 5 mil reais poderá aumentar ainda mais, pois poderá também contar com a aposentadoria da previdência social. Mas, enfim, sejamos conservadores.

Todo valor adicional em ativo que gere renda constrói patrimônio de riqueza, e o ganho gerado lhe dá capacidade de aumentar o custo de vida planejado. Portanto, na Tabela 1.1, você pode ter um custo de vida de 6, 7 ou 10 mil reais em vez de 5 mil. Só depende do patrimônio gerador de renda que irá construir.

Quando aumentamos o patrimônio gerador de renda, melhoramos nosso custo de vida. Quando gastamos em algo que não gera renda, retardamos a riqueza. Adiante, falaremos um pouco mais sobre isso.

Com base nos exemplos que citei, vamos concluir este capítulo com um exercício importantíssimo.

No exemplo, falamos dos 5 mil reais de custo de vida e do patrimônio de 1 milhão de reais. Qual a sua realidade? Com quanto quer viver e quanto precisará economizar? Qual caminho irá seguir, como no exemplo da Alice? Qual sua meta financeira a alcançar? Esse é o primeiro passo.

Antes de irmos ao Capítulo 2, conclua esse exercício. Será produtivo continuar esta leitura sabendo qual sua meta financeira. Tudo fica mais claro e objetivo quando temos o número na cabeça.

Agora, mergulhemos em um assunto magnífico que nos faz mudar de patamar em nossas vidas: o autoconhecimento!

Autoconhecimento
(*self scan*)

Durante meus estudos sobre a *Teoria da Riqueza*, notei que existia um tema que não envolvia matemática, números, planilhas, renda ou mesmo habilidade correlata, mas era relevante para a evolução no processo.

Todos buscamos aumentar nossos gastos sem entender ao certo aonde queremos chegar. Apenas consumimos, consumimos e consumimos. Atuamos como lobos sedentos em busca da presa, da posse desenfreada, mas não percebemos que essas aquisições trazem dívidas e obrigações, muitas vezes, escondidas.

O que tem de bom em comprar um veículo de 100 mil reais que obriga você a gastar entre 10 e 15 mil reais ao ano com seguro, impostos e manutenção? Vou contar o que tem de bom. É aquele prazer em dirigir um carro confortável, o prazer do reconhecimento da sociedade ou mesmo a voz interior que diz: "Eu venci!".

Não me cabe aqui colocar qual parte da balança pesa mais, comprar um carro de 100 mil ou investir em ativos que geram renda. Cabe, sim, levantar a questão para que a decisão seja consciente.

Por qual razão quero comprar uma casa na praia que vai me custar 500 mil reais se posso usar o valor para viajar pelo mundo? Novamente, a decisão é sua. A pergunta é provocativa e serve para ajudá-lo na resolução da forma mais consciente possível. Talvez comprar o patrimônio supra sua necessidade de *segurança*.

Por qual razão você financia um veículo em cinco anos e mora de aluguel em vez de priorizar a compra de uma casa própria? Por que prefere viajar a ficar preso, engravatado, dentro de um escritório fechado, ou, ao contrário, ficar preso no escritório em vez de conhecer o mundo? Você prefere ter um veículo caindo aos pedaços e gastar seu dinheiro com vinhos, jogos, investimentos etc.? Esses diferentes comportamentos são guiados, entre outros aspectos, pela nossa hierarquia de valores.

Outro assunto importante é conhecermos nossa missão, nosso propósito de vida. O que viemos fazer aqui neste planeta? Como realmente gostaríamos de ser lembrados? Você realmente respira sua missão no dia a dia?

Entenderemos por que algumas pessoas são incansáveis na realização de seus sonhos.

Também viajaremos em nossos talentos e em nossas habilidades, pois, afinal, precisamos mapear o que "ganhamos como dom" e o que conquistamos durante a jornada.

Tudo mapeado nos trará uma ferramenta poderosa que ajudará a responder à seguinte pergunta: "Estou realmente no lugar certo? Fazendo a coisa certa?".

2.1 Hierarquia de valores

Quantas vezes na vida você já não se perguntou a razão pela qual não teve a mesma sorte de um amigo de trabalho, um vizinho, um parente?

Sabe aquele executivo que largou tudo e montou uma barraquinha na praia, e você, ao ler sua história nas redes sociais, ficou fascinado e se perguntou: "Como esse cara teve coragem de fazer isso? Queria estar no lugar dele". Ou talvez: "Que maluco! Como pode abandonar anos de carreira para viver uma aventura?".

E aquele vizinho que largou os estudos e virou mochileiro? E aquele dono de empresa bem-sucedido que conseguiu comprar um apartamento na cobertura no bairro mais nobre da cidade e pôr uma Porsche na garagem, enquanto você financia suas duras e suadas parcelas do carro popular e ainda mora de aluguel?

Seria a hierarquia de valores a resposta para parte dessas perguntas? Nossos valores têm peso relevante nas escolhas de nossas vidas, explicam boa parte dos nossos conflitos, medos, angústias, vontades, crenças etc.

Entender o que é um valor e, principalmente, a sua hierarquia é entender o que tem mais ou menos importância para nós, e isso poderá ser o primeiro grande passo para uma jornada fantástica de autoconhecimento.

A axiologia é o ramo da filosofia que centra o estudo da natureza dos valores. Existe vasto material sobre o assunto. O valor é um conceito que, além da filosofia, faz parte de diversos outros estudos, entre eles, economia, psicologia, sociologia, política e religião. Entretanto, como meu interesse é fazer algo prático, e percebendo que o assunto é um tanto complexo e disperso, resolvi citar 12 valores para que nossa conversa fique mais produtiva e ilustrativa. Fique à vontade para pesquisar outros valores, caso julgue necessário.

2.1.1 Os 12 valores

Enumere de 1 a 12 os valores descritos no Quadro 2.1, sendo 1 o seu valor mais importante e 12 o seu valor menos importante.

Quadro 2.1 – Classificação de alguns valores

Valor	Classificação (1 a 12)
Amizade	
Conexão social	
Desafio	
Diversão	
Ética	
Família	
Fé	
Individualidade	
Poder	
Reconhecimento social	
Respeito	
Segurança	

Vamos ilustrar a discussão. Imagine um pódio que defina o valor mais importante de uma pessoa e o menos importante (Figura 2.1):

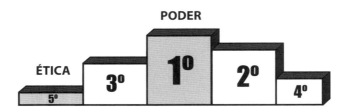

FIGURA 2.1 – Pódio de valores A.

Pense bem: se o *poder* é o valor mais importante, e a *ética*, o valor de menor importância, em qual profissão, carreira ou atividade essa pessoa se daria bem? Pense um pouquinho e terá a resposta muito rapidamente. Não julgue certo e errado para não criar juízos de valor e não bloquear seu raciocínio. Apenas o que essa pessoa faria bem.

Vamos observar outro exemplo (Figura 2.2):

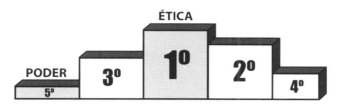

Figura 2.2 – Pódio de valores B.

Certamente você conseguirá imaginar pessoas, carreiras e atividades que prezam pela *ética* em detrimento do *poder*, correto?

O importante no exercício é nos despirmos de julgamento do que é certo ou errado. O objetivo aqui é apenas um: descobrir nossa hierarquia de valores.

Vamos imaginar, por exemplo, um líder religioso: ele poderia ser sua resposta para a Figura 2.2, certo? Sim e não, e explico a razão.

Imagine que esse líder religioso tenha chegado a uma posição de destaque, por exemplo, pastor, bispo, ou, até mesmo, papa. Não necessariamente ele tem apenas a *ética* como um valor importante, mas o *poder* também. Se não tivesse o *poder* como um valor importante, no momento em que tivesse a chance de o alcançar, ele próprio se boicotaria.

Você conhece casos de pessoas que receiam participar de reuniões, que não querem se expor de forma alguma, preferem ficar no anonimato? Pois é, nada de errado, talvez seja apenas a ausência do valor de *poder*, ou do valor de reconhecimento, em vez da simples introspecção. Aliás, conheço muitos introspectivos que estão no poder.

Se a pessoa tiver o valor de *segurança* muito forte e quiser se manter com o salário que tem, vai se arriscar o mínimo possível, não vai querer se expor, ou seja, está jogando o jogo da vida em concordância com seus valores sem mesmo saber, e, de novo, nada de errado nisso. Muitas pessoas são diferentes de nós, e isso não significa que é certo ou errado, talvez seus valores sejam diferentes, apenas.

Tenho um exemplo que gosto muito de usar em minhas palestras. Muitos de nós temos aquele colega de trabalho (ou somos esse colega) com 30 anos de serviços prestados, responsável pelo Departamento Pessoal. Nunca trocou de emprego, costuma gozar férias a cada dois ou três anos. Vamos apelidá-lo de Fulano, e nosso outro amigo, contador, de Sicrano.

Pois é, o Fulano não quer ser diretor de Recursos Humanos (RH), nem o Sicrano quer ser diretor financeiro. Eles querem ficar ali, ganhando o salário, garantindo o sustento da família, mantendo o carro simples, a casa quitada com muito esforço e dedicação. Os valores deles de *segurança* os ajudaram a conseguir o que têm hoje. O que tem de errado nisso? O grande êxito aqui é descobrirmos se somos o Fulano ou o Sicrano.

Muitas vezes, culpamos nossos semelhantes pelas conquistas não realizadas. Talvez eu queira ser um Fulano ou Sicrano, e não existe nada de errado nisso! Começar um processo de vitimização, de culpar o semelhante, a chuva, a economia ou a nossa sorte para tentar justificar ao mundo a razão pela qual estamos sentados na mesma cadeira por 30 anos talvez não seja o melhor caminho. Talvez, ao descobrir ter valores como os do Fulano, entenda quais são os valores que o guiam e, então, tentar (ou não) mudar, mas agora consciente. Tenha consciência de seus comportamentos e escolhas.

Há alguns anos, eu estava conversando com minha esposa sobre um curso que ela estava realizando para se tornar uma profissional de *coaching*. Nossas conversas eram sempre muito agradáveis e construtivas, pois, além dos diálogos sobre *coaching*, a formação dela em Psicologia e a nossa vivência no mundo empresarial faziam que conversássemos muito sobre filosofia, sociologia, filhos, política, sempre transformando nossos bate-papos em sessões de "café do pensar".

Lembro-me de que o processo de *coaching* me fascinou quando ela comentou sobre a hierarquia de valores. Aquilo era poderoso! Eu podia entender claramente como uma pessoa conseguia melhorar seu nível de autoconhecimento desenhando sua hierarquia de valores e como isso minimizava nossos sofrimentos se conseguíssemos aceitar e trabalhar nossos valores internamente. Era algo realmente fascinante, e confesso ter ficado semanas pensando na minha hierarquia de valores. Por fim, resolvi fazer meu exercício: consegui tirar uma fotografia real de quem eu era e por que tinha determinados comportamentos diante de diferentes situações. O interessante não era necessariamente mudar algum comportamento, mas o simples fato de ter consciência do motivo por que agia de determinada maneira já era um bálsamo.

Certa vez, em uma das minhas experiências profissionais, estava conversando com um diretor sobre o quão difícil era para ele se relacionar com outro diretor na empresa. Então, começamos a falar sobre valores e o que achávamos ser importante para cada um. Perguntei para ele quais valores julgava importantes e, depois, fiz a mesma pergunta ao outro executivo. É claro que os valores dos dois eram muito opostos, e, por não terem esse conhecimento, havia tantas divergências no dia a dia. A hierarquia de valores não revela todos os problemas da humanidade, é lógico, mas funciona como um excelente termômetro para buscarmos um pouco mais de entendimento e de aceitação.

Por mais que tenhamos opiniões sobre o que é certo ou errado, pessoas são pessoas, histórias são histórias, traumas são traumas, e assim por diante. Sabe aquela máxima que diz "não meça o seu semelhante com a sua régua"? Exato! Não julgue alguém com os seus próprios valores, será injusto. Era o que acontecia com esses diretores e acontece conosco, todos os dias. Tenho um cliente que, ao começar o *coaching* financeiro, comentou o absurdo de seu cunhado morar de aluguel e desfilar em um carro financiado de aproximadamente 50 mil reais. Adorei o começo da conversa, pois percebi que teríamos uma evolução excelente pela frente. Sabia que trabalharíamos o assunto quando chegássemos à hierarquia de valores e, depois de algumas sessões, enfim, chegamos.

Então, pedi para que ele refletisse sobre quais eram seus principais valores e, depois, tentasse imaginar quais os principais valores do cunhado. Ele me disse que seus principais valores eram *segurança* e *ética* e os principais valores do seu cunhado possivelmente seriam *poder* e *reconhecimento*.

Como dizer para uma pessoa que tem como principal valor o *poder* que não deve comprar um carro caro, mesmo pagando juros no financiamento? Financiar um carro pode ser errado da sua óptica, pelos seus valores, não pelos dele. É medir o outro com a sua régua. Logicamente, não estamos falando que é correto financiar um carro do ponto de vista financeiro, pois estamos pagando juros, mas, para essa pessoa, é uma forma de atender aos valores que o movem.

A hierarquia de valores é realmente valiosa, pois, além de ajudar no processo de autoconhecimento, ajuda também a entendermos por que nos autossabotamos.

Um padre que não tem como valor o *poder* sempre será padre. Se tiver a chance de se tornar bispo, vai sabotar-se, boicotar-se, pois o *poder* não está em seu pódio, diferentemente daquele que virou bispo.

Sabe aquela pessoa que foge da reunião de diretoria, que não gosta de se expor? Pois é, a mesma pessoa talvez não tenha o *poder* como um valor e fica pelos cantos reclamando que outras pessoas têm sorte, conseguiram cargos de chefia etc. O importante não é querer ter o valor de *poder*, mas entender que você pode não o ter e por essa razão não teve algumas atitudes na vida que poderiam levar a outros cargos. O importante é se conhecer, pois, assim, parará de reclamar e de sofrer, entenderá e reconhecerá suas próprias limitações e, como sempre digo, jogará o jogo!

Imagine seu amigo que foi promovido e hoje é seu gerente. Será que o valor de *poder* dele está acima do seu? Se sim, talvez você possa ter se sabotado, e sequer percebeu. Pense nisso e viva conscientemente.

Repito: não existe certo ou errado na hierarquia de valores. Querer um carro novo não é melhor ou pior do que querer viajar ou financiar compras em 12 vezes. Obviamente, nenhuma hierarquia de valores justifica ações ilícitas que estão em desacordo com as leis e ferem o interesse de viver bem em sociedade.

Se a falta de *ética* se converte em ato ilícito, a pessoa deve ser julgada. Colocar o *poder* como o principal valor não nos dá o direito de desrespeitar nosso semelhante, de infringir a lei. Não ter crença religiosa como um valor não nos coloca na posição de deuses, zombando daqueles que acreditam. Enfim, a partir do momento em que entendemos que a hierarquia de valores é diferente para cada ser humano, entendemos a razão pela qual as pessoas são diferentes e agem em prol de suas próprias convicções. E é exatamente por isso que devemos respeitar nosso semelhante. Somos diferentes, e nossos valores não são os melhores, são apenas nossos! Quando falamos em não julgar o próximo, em não medir os outros com nossa régua, é disso que estamos falando.

Você conhece algum caso de alguém que largou tudo, absolutamente tudo, para viajar pelo mundo afora? Talvez o valor de *diversão* dessa pessoa seja muito forte e a ajude a se tornar mochileira. No entanto, quem tem o valor de *segurança* muito forte, ou seja, que precise trabalhar regime CLT,[1] garantir seu salário mensal sem riscos, talvez sofresse muito como mochileiro. Imagine um mochileiro que tem a família como valor importantíssimo. No terceiro dia de viagem, já estará reclamando a ausência de pais, filhos, tios, sobrinhos etc.

É por essa razão que muitas pessoas não conseguem empreender em novos negócios, pois, apesar de muitas ideias virem em suas

---

[1] *Consolidação das Leis do Trabalho*, conjunto de medidas que visam regular a vida trabalhista do brasileiro.

mentes, não suportam a ideia de abandonar um emprego seguro, salário, férias e 13º. O medo e o sofrimento sobreporiam o desejo de investir ou empreender. Possivelmente é uma das razões pelas quais pessoas criam negócios e não conseguem ir adiante. O insucesso não está relacionado apenas à nossa hierarquia de valores, mas, também, a conhecer o ramo de atividade, administração e finanças. Mas conhecer bem seus valores trará o benefício de entender se quer realmente empreender e por quanto tempo suportaria a pressão de não receber salário.

Falando em empreender, vamos supor que você resolva montar um negócio com dois sócios e perceba que o valor de um deles seja *diversão*, viagens, leitura de revistas descoladas, que goste de desenho, arte etc. Você deixaria a diretoria financeira ou a diretoria de *marketing*/comercial na mão dele? Em contrapartida, o outro tem como valores ser muito controlado, metódico, extremamente organizado, analítico, tem o valor de *segurança* muito forte. Você já deve ter a resposta de qual diretoria dar a cada sócio, correto?

O gato pode ser um grande amigo do passarinho, até ficar com fome. Evite dar a alguém o que vai contra sua natureza.

Outro exemplo. Como se mudar para os Estados Unidos ou para a Europa se um dos seus principais valores é a *família*? Como vai deixar pai, mãe, tios, primos? Talvez essa seja a razão de ainda não ter se mudado de cidade, estado ou país. Talvez atribuísse não se mudar por outros fatores, mas o valor *família* pode ser o principal. É uma hipótese que o autoconhecimento vai testar.

Nossos valores têm um peso muito grande em nossas decisões exatamente no momento decisivo que trilhamos nos caminhos em nossas vidas e seguramente, em diversas ocasiões, decidimos de forma inconsciente. Porém, esses exemplos, além de terem relação com nossos valores, de uma forma ou de outra, também têm relação com nossa missão, nossos talentos e nossas habilidades. Mas vamos com calma. Pense bem e exercite. Conhecer sua hierarquia de valores não fará necessariamente seus valores mudarem de lugar, mas você terá consciência deles. Entenderá por que trabalha onde trabalha; quais razões explicam seus medos; por que quer chegar (ou não) ao poder; e assim sucessivamente. Conhecer seus valores vai ajudá-lo a se libertar de vários nós que a vida insiste em atar.

Então, vamos lá: pegue um pedaço de papel, uma caneta e um suco, ou mesmo um drinque. Coloque uma música de que goste e faça o exercício. Dê nota aos seus valores, enumere-os. Desenhe seu pódio. Descubra o que é mais importante ou menos importante para você. Vai descobrir por que não consegue fazer muitas coisas e por que outras acontecem tão facilmente. O interessante é entender por que nos damos tão bem com algumas coisas e pessoas e com outras não. Por que algumas pessoas conseguem fazer algo com tanta facilidade, ao passo que nós, não.

2.2 Trabalho *versus* emprego

Por essa razão, passamos a entender melhor nosso semelhante, entender as diferenças profundas dentro de cada ser e perceber que comportamento e inteligência são muito subjetivos. Aliás, inteligência é algo tão subjetivo que, após anos dando demasiada atenção ao coeficiente de inteligência (Q.I.), passamos a valorizar também o coeficiente emocional (Q.E.). Entretanto, existe um tema bem interessante que vai um pouco além da própria inteligência emocional, que trata das *inteligências múltiplas*,[2] algo que talvez remodele a forma de pensar o conceito de inteligência.

---

[2] Teoria desenvolvida na década de 1980 por uma equipe de pesquisadores da Universidade de Harvard, liderada pelo psicólogo Howard Gardner, buscando analisar e descrever melhor o conceito de inteligência.

Em outras palavras, como dizer que um músico é menos inteligente que um matemático, ou como afirmar que o diretor de RH é mais inteligente que o Fulano?

Imagine um surfista que monta uma rádio que cobre a condição das ondas, traz notícias de esporte radical e toca música de surfe. Ele pode não entender de política cambial, produto interno bruto (PIB) ou Banco Central. Em uma grande metrópole, poderia ganhar diversos rótulos, todavia, no seu "pico", além de excelente surfista, é empresário de sucesso.

Certa ocasião, eu estava montando uma motocicleta estilo *café racer* [3] (confesso: uma das minhas paixões). Depois de muito tempo, achei um profissional que fazia o banco da motocicleta exatamente como eu queria, e melhor, por um preço justo. Paguei pelo banco e fui até lá após algumas semanas para que ele o instalasse.

O lugar onde ele trabalhava era muito simples. Instalava o banco enquanto tomava sua cerveja *long neck*, e eu ali, de terno, no meio da oficina, rindo, ouvindo suas histórias e notando seu prazer pelo que fazia. Aquele era seu "pico".

Bem, banco pronto, instalado, e moto perfeita! Uma semana depois, como minha moto era preta e tinha alguns detalhes em dourado e ferrugem, resolvi mudar a cor do banco de preto para marrom e busquei um tapeceiro na região onde moro. Pessoa completamente apaixonada pela profissão. Aproveitei para conversar com ele e extrair o máximo possível de informações sobre sua vida, seus sonhos, seu trabalho. Bem, ele me disse ir dormir todos os dias em torno das 23 horas em razão do seu trabalho, sete dias da semana, 30 dias por mês, sem parar. Disse, ainda, que, muitas vezes, acordava às seis da manhã, pois a vontade de terminar um trabalho era tão grande que não conseguia dormir. O mais interessante era que sua esposa trabalhava com ele e tinha o mesmo sentimento.

---

[3] Estilo de moto antiga dos anos 1950 e 1960.

Essa é a grande diferença entre *emprego* e *trabalho*. Nosso *emprego* nos paga salário, faturamento. Nosso *trabalho* é aquilo que vivemos, respiramos. Muitas vezes, encontramos em nosso trabalho um emprego que nos remunere. Diversas vezes, em nosso emprego, encontramos nosso trabalho e, quando encontramos, simplesmente não vemos a hora passar, mas, sim, fluir. É por isso que é muito importante conhecermos nosso trabalho. Às vezes, ele está bem perto, mas não o vemos, pois não temos consciência.

O que quer realmente fazer da sua vida? Já sabe qual seu trabalho ideal? O que está fazendo para mudar e alcançar o que realmente quer? Realmente acredita que vai dormir hoje o sono profundo e acordar um novo Leonardo da Vinci apenas por ter descoberto que seu trabalho é pintar? Ou desiste pelo simples fato de achar que pintor ganha mal?

É claro que nossas decisões podem ter tido relação direta com a influência dos pais (ou mesmo com nossa própria vontade de contrariá-los).

Muitas vezes, decidimos seguir determinada carreira por ver o modelo ideal de sucesso em um parente bem-sucedido e acabamos nos espelhando, sem ao menos entendermos se aquilo é nossa real vocação. Sabe a história da hierarquia de valores? Pois é, suponha que tenha um forte valor de *segurança*, ama música, mas tem medo de ganhar mal, então, decide copiar seu tio farmacêutico e lá vai estudar Farmácia.

Eu conheço diversas pessoas de uma mesma profissão que ganharam muito dinheiro, e outras que não ganharam. Há músicos e músicos, contadores e contadores, engenheiros e engenheiros, médicos e médicos.

Aqui vai um dado curioso a meu respeito. Aos 18 anos, prestei vestibular para Publicidade e Propaganda. Entrei na segunda chamada. Sabe como fiquei sabendo? Um colega que tinha prestado vestibular comigo e obtido pontuação abaixo da minha, após conferirmos o gabarito, encontrou-me meses depois no metrô. Ele estava indo para a faculdade, e perguntei se tinha entrado em outra. Ele respondeu que tinha entrado na segunda chamada. Eu sequer sabia que isso existia!

No ano seguinte, prestei vestibular para Engenharia Mecânica, passei em uma universidade privada, mas não tinha como custear o curso, ou seja, se eu sabia que não ia conseguir pagar, para que prestei?

No terceiro ano, resolvi estudar Administração de Empresas. Na verdade, nem sabia o que estava fazendo ali. Escolhi uma fundação, pois sabia que as mensalidades eram mais baixas e meus pais conseguiriam cobrir. Comecei a trabalhar de madrugada para ganhar adicional noturno e ter algum dinheiro para os finais de semana. Ao final do primeiro ano, um colega de sala apareceu de terno e gravata. Ele me disse que havia se tornado auditor externo e estava trabalhando em uma das "*Big Six*".[4] Comentou que eram excelentes empresas e que formavam ótimos profissionais no mercado. Mas o que realmente chamou minha atenção era o fato de essas empresas custearem parcial ou totalmente os estudos dos empregados. Resolvi, então, tornar-me auditor externo. Estudei muito e acabei conseguindo entrar em uma das seis grandes.

Ao final do segundo ano de faculdade, optei por mudar o curso de Administração de Empresas para Ciências Contábeis, pois, para ser um auditor sênior, era preciso carregar o título de contador e ter seu registro no CRC.[5]

Hoje, posso me considerar um profissional bem-sucedido na área em que atuo, principalmente por ter passado por excelentes escolas, mas confesso nunca ter planejado a carreira. Meu primeiro grande sonho era me tornar comunicador, publicitário e, por que não dizer, escritor ou palestrante.

---

[4] Nome dado às seis maiores empresas de auditoria externa. Atualmente, são quatro.

[5] Conselho Regional de Contabilidade.

Claro que sem planejamento também podemos chegar ao mesmo lugar, ou até mais longe, mas tenho a nítida sensação de que o caminho é mais difícil. E, para piorar, você resolve, depois de anos de questionamento, reavaliar sua carreira e se sente em uma sinuca de bico. "Tudo o que fiz até agora vou jogar fora?" É como mudar a rota de um voo com o avião em curso. Melhor seria fazer o planejamento lá atrás, em terra firme.

Claro que ter atuado em finanças foi decisivo em minha vida, até porque me tornei *coach* financeiro, ou seja, foi por meio da minha vivência profissional que aproveitei a habilidade adquirida com números e alterei o rumo da minha vida. Certamente não teria sido igual se tivesse sido publicitário. Mas quem sabe como publicitário eu estivesse escrevendo *Como vender seu peixe*, ou *Teoria do Consumo*?

Se eu consegui chegar aqui sendo contador, será que não estaria melhor se tivesse sido publicitário? Não sei e nunca vou saber, então, simplesmente parei de me perguntar!

Suponhamos que você chame seu filho e pergunte qual o sonho da vida dele:

– Quero ser professor de Matemática, porque adoro fazer contas!

– O que mais? Filho, será que você terá paciência para ensinar? Você não tem muita paciência com sua irmãzinha.

– Nossa, é verdade, pai! Só de pensar em ensinar um monte de alunos desatentos iguais à minha irmã, já perco a vontade.

– Gosta de algo mais, filho?

– Acho legais aquelas pessoas que constroem pontes, viadutos, casas.

– Opa, talvez, então, seja um bom engenheiro civil, e pelo fato de gostar de fazer contas, pode ser um bom caminho.

Podemos achar que gostar de fazer contas se resuma a ser professor de Matemática, físico ou estatístico. Agora, imagine que ele ache interessante ser contador. Pensemos em alguns possíveis cargos que seu filho poderá ocupar:

- contador ou dono de um escritório contábil;
- gerente ou diretor contábil de uma empresa;
- *controller*;
- diretor administrativo-financeiro.

Tente ajudar seu filho fazendo perguntas, não dando respostas. Seja provocativo. Pense nas vantagens em planejar a carreira, os objetivos e aonde quer chegar. Avaliem juntos os ganhos e as perdas da decisão.

Quando seu filho tiver uma ideia do que quer fazer, pensem em quais empresas podem tê-lo como peça da engrenagem, avaliem quais os cursos necessários para se tornar interessante para essa empresa e para que possa se aprimorar e, então, ele terá um caminho mais claro para trilhar. Obviamente, onde você lê "seu filho" pode ser "você", "sua filha", "sua esposa", "seu marido", "seus sobrinhos", "seus irmãos" etc.

Por último, diga-lhe para tentar fazer estágio, mesmo que não remunerado, em áreas relacionadas à carreira pensada. No meu caso específico, como contador, decidi por ser *controller* (já com o avião em curso). A área de controladoria e as empresas de auditoria externa são excelentes escolas. A dica pode ser diferente para o contador que queira ser proprietário de um escritório. No caso, talvez, um estágio em um escritório contábil pudesse ser uma boa alternativa.

Entendo que isso também ocorre para quem quer ser engenheiro civil, por exemplo. Pesquise com pessoas que atuam na área quais os cargos no mercado, o que oferecem e que tipo de profissional obteve sucesso. Às vezes, perceberá que terá mais sucesso se trabalhar em construtoras grandes, ou pequenas, em órgãos públicos etc. Entrevistas e estágios revelam muito sobre nossas escolhas. Olhos abertos!

Meu filho não sabia o que fazer aos 17 anos, o que achei tranquilizador, pois nada mais normal que não saber o que vai fazer pelo resto da vida sem sequer ter experimentado o mercado de trabalho para descobrir do que gosta e do que não gosta. Comentou comigo que talvez fizesse Administração de Empresas, pois ainda não tinha algo muito definido. Achei interessante e comentei que o curso poderia ser um primeiro de outros que viriam. Com o tempo, perceberia quais as matérias de que mais gostava, e, então, tentaria seguir para uma área nessa direção.

Temos sempre que tentar escolher algo relacionado à nossa vocação. Não existe nada mais gratificante do que começarmos um trabalho e não termos vontade de parar até concluirmos. Lembre-se dos exemplos citados anteriormente.

O sucesso está ligado ao empenho que temos em realizar o trabalho. O empenho nasce de uma energia inexplicável pelo fazer, pelo realizar, e isso só aparece quando estamos atuando em algo que realmente nos move adiante.

Reserve um tempo do seu dia e pesquise sobre profissões. Leia e anote o que julga relevante na internet, em livros. Tente pedir dicas. As pessoas adoram dar dicas. Faça diferentes testes vocacionais, não invalide nenhum, considere todos.

Use o ócio improdutivo a seu favor e tenha coragem de planejar sua carreira. Planejar carreira não é algo apenas para jovens de 20 anos de idade. Tenho clientes com mais de 50 anos que viraram suas vidas profissionais de ponta-cabeça: estão fazendo cursos, aprimorando-se e ganhando dinheiro como nunca. Eu planejei minha carreira com 40 anos.

*****

Bem, vamos rever o que conversamos até agora?

- Saiba qual seu custo de vida desejado e calcule o patrimônio necessário para conquistar sua independência financeira.
- Utilize os exemplos de valores e enumere qual a sua hierarquia. Após numerar, coloque um valor contra o outro e veja se realmente estão nas posições corretas.

Agora vamos mergulhar em um assunto muito profundo, difícil de responder, mas também revelador nesse processo de autoconhecimento: sua missão!

2.3 Propósito de vida

Em minhas palestras, uma das partes de que mais gosto é quando costumo escolher alguns participantes e perguntar:

— O que você veio fazer aqui?

— Vim assistir à sua palestra para ficar rico!

— Não. Não quis dizer aqui nesta palestra.

— Aqui onde então?

— Aqui, na Terra. O que você veio fazer aqui? Qual o seu propósito nesta vida?

— Ser feliz?

— E você conhece alguém que não quer ser feliz?

— Não, acho que não.

— Então, o que veio fazer aqui?

Nessa hora, as reações são as mais diversas possíveis. Afinal, o que veio fazer aqui? Quando era criança, o que queria ser quando fosse adulto? O que é que move você? No dia em que partir, pelo que quer ser lembrado? Se tivesse apenas seis meses de vida, o que gostaria de alcançar? O que faria de graça? O que gostaria de deixar ao mundo como seu legado?

Vamos pensar juntos. Sabemos que a vida é um instrumento que adora pedir mudanças, pois é uma das regras do universo a lei da evolução permanente. Dessa forma, como o universo se move, toda energia nele também se move e se readapta. A ideia "macro" é descobrirmos nosso propósito de vida, e, assim, canalizarmos energia nessa direção, pois, se não decidir sua missão, o universo decidirá por você, ou seja, ele o empurrará na marra.

O que quero dizer é que se o universo preparar uma violenta enchente daqui a um ano, ou você aumenta as paredes da sua casa, ou compra um barco, ou morre afogado. Independentemente da sua decisão, o universo trará a enchente.

E é importante sabermos que, quando descobrimos nosso *propósito de vida*, não chegamos ao final da busca, mas, sim, ao começo. A partir desse momento é que surgem pensamentos potentes em nossas mentes. É nessa hora que loucos se tornam gênios, que o impossível se torna possível, que as crenças limitantes caem por terra. E não conhecer sua missão é deixar escapar um dos melhores presentes que a vida pode oferecer.

Eu sei que às vezes é desagradável pensarmos em coisas um tanto quanto abstratas, filosóficas, entretanto, quando descobrimos nossa missão de vida, deixamos de ser reféns de sistemas, empresas, grupos, pessoas e, não raro, do nosso próprio ego.

Uma das coisas mais amedrontadoras que ouvi em minha vida foi meu pai, aos 74 anos, dizer que se sentia angustiado em não saber o que veio fazer aqui. Quer saber de uma coisa? O assustador não foi ouvi-lo, foi ter a certeza de que a maioria de nós ainda não sabe.

Tranquilize-se caso você ainda não descobriu o que veio fazer aqui, mas não sossegue, questione-se.

É crueldade termos que decidir com apenas 16 ou 17 anos o que vamos fazer pelo resto de nossas vidas. Um jovem de 17 anos, com muita sorte e orientação, talvez já consiga refletir sobre o que quer fazer da vida nos próximos dois ou três anos.

Pense nos grandes eventos que mudaram o rumo da sua vida. Aquele carro que você comprou; a casa tão sonhada; quando conheceu seu cônjuge; quando teve seu(sua) filho(a); quando fez a viagem que idealizou; quando mudou de emprego... Todo rumo de nossa vida está concentrado em pouquíssimas decisões: comprar uma casa, casar, trocar de emprego ou, claro, descobrir o que quer fazer com sua carreira.

Mario Sergio Cortella[6] citou em uma de suas palestras: "Lembra-te que és mortal" (2009). Como o homem é o único ser com consciência da própria morte, devemos entender que todos os outros animais são imortais, pelo simples fato de desconhecerem conscientemente a morte.

Se então refletirmos friamente sobre a certeza de que iremos morrer, criaremos uma sensação interior de estranheza, angústia, ou mesmo um emaranhado de dúvidas e questionamentos. Mas essa clareza é importante para que possamos dar o verdadeiro valor que cada coisa tem. Faça a seguinte brincadeira com seus amigos, filhos, parentes e colegas de trabalho:

Junte você e mais uma pessoa qualquer. Agora, suponha que você tenha 30 milhões de reais e que ambos tenham 45 anos de idade. Então, você oferece a seguinte barganha à outra pessoa: dar os 30 milhões de reais para ela em troca de 30 anos de vida, ou seja, você rejuvenescerá 30 anos e essa pessoa terá 75 anos de idade e 30 milhões de reais. O que você prefere: voltar aos 15 anos de idade sem um centavo no bolso ou ter 75 anos de idade e 30 milhões de reais?

---

[6] Filósofo, professor da Pontifícia Universidade Católica de São Paulo (PUC-SP), escritor e palestrante.

Logicamente, muitos dirão: "Não posso ter 15 anos com 30 milhões?", ou, então, "Fico com os meus 45 anos e com os meus 30 milhões", ou, ainda, "Vamos ficar com 45 anos os dois e dividirmos os 30 milhões", e por aí vai.

Esse é um bom exercício que nos ajuda a descobrir nossa missão. Ou seja, para descobrir sua missão, tente, mesmo que temporariamente, se desprender do quesito dinheiro. Lembre-se: caso queira muito dinheiro, talvez seja porque seus valores de *poder* e *segurança* sejam muito fortes, mas não porque seja sua *missão* ficar rico. *Missão* é um ato que o impulsiona e, por consequência, impulsiona a raça humana. Dinheiro é um meio, não um fim.

Conforme já destaquei, até hoje, nenhum cliente meu ou participante das minhas palestras optou pelos 30 milhões de reais em detrimento dos 30 anos a mais de vida. O dinheiro, como mencionado, é apenas um meio para nos ajudar a suprir alguns de nossos valores.

Tive exemplos em que pessoas mais novas pensavam um pouco mais em abrir mão de alguns anos de vida em prol do dinheiro (mas não aceitaram). Claramente isso ocorre pelo fato de os mais jovens ainda não possuírem o sentimento real de quanto a vida passa rápido.

Lembre-se de que precisa se esquecer do dinheiro e de alguns valores que o sabotam para fazer o exercício. Quando me questionei sobre o assunto, pude perceber que deixamos passar a coisa mais valiosa: a vida!

Optamos por algo que nossos pais recomendaram em razão dos valores, medos e crenças limitantes deles. Copiamos os vizinhos bem-sucedidos. Assumimos exemplos de amigos e parentes bem-sucedidos como modelo ideal. Veja bem, a ideia aqui não é pregar a felicidade sem recursos financeiros, mas entender a razão pela qual estamos aqui, entender o que nos move adiante, pois essa resposta ajuda, e muito, na busca da sua riqueza.

É claro que é possível também ser rico sem seguir nosso verdadeiro propósito, mas acredito ser bem menos saboroso.

Então, o que você veio fazer aqui neste planeta? O que quer deixar para a humanidade? Qual será seu legado? Como colaborará para um mundo melhor? O que faz você feliz? Lembre-se de que a felicidade é um sentimento de júbilo que coloca em harmonia, mesmo que por uma fração de segundo, nossa mente, corpo e alma. A felicidade não é uma meta, um objetivo que se alcança; você não compra a felicidade como compra um carro. Felicidade se vive, é um estado de espírito de completa satisfação, mesmo que temporário.

Assisti a um documentário chamado *Happy: você é feliz?* (2011), do diretor Roko Belic. É um filme simples, porém empolgante. Fala sobre a vida de pessoas vivendo em diferentes lugares, como Japão, Brasil, Estados Unidos, Butão, China e Dinamarca, e analisa as causas da felicidade genuína independentemente da condição financeira de cada um dos entrevistados. Temos a nítida noção de que a busca desenfreada pelo dinheiro nos aprisiona em nossas cadeias interiores, ao passo que, se vivermos em busca do que é essencial, as coisas acontecem com maior naturalidade, e a sensação de plenitude reina. Entramos em um estado quase que de hipnose, e tudo acontece com naturalidade.

Em outro documentário, intitulado *I am: você tem o poder de mudar o mundo* (2010), o diretor Tom Shadyac – conhecido pelos famosos filmes de comédia *O mentiroso* e *Todo-poderoso* – tenta responder a duas questões essenciais sobre o que está errado no mundo e o que podemos fazer a respeito. O fator que o levou a dirigir um filme tão diferente dos demais foi um sério problema de saúde.

Então, imagine um legado que fique no planeta, que ajude a civilização a evoluir. Nossa missão é encontrar o que podemos fazer para construir um futuro melhor, e quer saber? É muito simples! Gostaria de dividir alguns depoimentos:

"Sinto-me bem ao saber que as pessoas não sofrem com trânsito, que deveriam passar mais tempo com seus familiares, com bons meios de transportes." Talvez a profissão de engenheiro civil, mecânico ou de tráfego corrobore com essa missão.

"Adoro ensinar, transferir meu conhecimento para os outros. Sinto que estou ajudando o mundo a evoluir." Quem sabe essa missão não esteja alinhada às profissões de professor, palestrante, psicólogo ou filósofo.

"Seria muito legal se eu conseguisse salvar vidas." Estamos falando de um médico, bombeiro, missionário, químico?

"Meu sentido de vida é levar justiça aos povos." Quem sabe estudar Direito? Ser um diplomata? Um servidor público?

Aquilo que lhe faz bem, que faria de graça e que empurra a sociedade talvez seja sua verdadeira missão.

Recorda-se da sessão de hierarquia de valores? Então, vamos supor que seu valor de *segurança* seja muito forte e que também descubra que sua *missão* seja a de ajudar ao próximo, como um missionário que ajuda povos carentes, por exemplo.

Como abandonar seu emprego e ir para uma região remota ajudar pessoas? Talvez, com 30 dias de trabalho, quem precisará de ajuda é você.

Será que não existe uma profissão dentro da sua empresa que lhe proporcione levar ajuda ao próximo? Será que precisa realmente ir para uma região inóspita para cumprir sua missão? Será que não tem um amigo ou familiar que precise de ajuda? Será que essa chance de ajudar não está mais próxima do que imaginamos?

Creio que podemos realizar nossa missão respeitando nossos valores. Sua empresa tem alguma organização não governamental (ONG) na qual você possa participar ativamente? O que fazer para criar uma ONG e administrá-la aos finais de semana? Há algum curso que possa ajudá-lo a criar uma ONG? Quem disse que é necessário abandonar seu emprego para montar uma ONG? Basta fazer um processo programado. Leia, pesquise, prepare-se, tudo no seu tempo, sem precisar sofrer, torturar-se ou tomar atitudes impulsivas, e, assim, a mudança virá.

Voltemos para o exemplo dos 30 milhões de reais, mas, agora, com outro exercício. Suponha outro acordo. Vou dar-lhe 30 milhões de reais. Aliás, façamos melhor: darei a você 100 milhões de reais. Seu problema financeiro acabou! E, mesmo se, com o exemplo, ainda não se sentir seguro, imagine o número que quiser. Precisa esquecer por alguns minutos o dinheiro e seu valor de *segurança* e de *poder*, caso os tenha como mais importantes. Imagine que, com todo esse dinheiro, você não está mais preocupado com o salário. O que você faria? Cuidaria de animais? Seria bombeiro? Arrumaria computadores? Entregaria comida a pessoas carentes? Cuidaria de idosos? Construiria casas, pontes? Ajudaria no trânsito? Faria pranchas de *surf*? O que faria de graça?

Agora que já conhece alguns caminhos que vão lhe ajudar a descobrir a sua missão de vida, que já tomou contato com a sua hierarquia de valores, calculou seu custo de vida e já sabe qual patrimônio está buscando, vamos, então, falar sobre habilidades e talentos.

2.4 Habilidades e talentos

Após ter realizado o exercício de hierarquizar seus valores, provavelmente, já deve ter iniciado seu processo na busca do autoconhecimento, entendendo por que consegue algumas coisas e outras não. Já entende por que algumas coisas são tão fáceis para você ao passo que para outros são difíceis, e vice-versa. Talvez tenha um excelente trabalho suprindo seu valor de *segurança*, mas esteja infeliz pelo simples fato de não utilizar seus talentos.

A ideia não é pedir demissão, mas proporcionar a tomada de consciência, para que um novo ambiente seja preparado para a sua grande mudança. E, quem sabe, dentro de sua própria empresa você consiga utilizar seus talentos em outras atividades.

Vamos falar de *habilidade*.

O termo *habilidade* provém do latim, *habilĭtas,ātis*, e significa "aptidão", "destreza" e "disposição" (Houaiss, 2009). É conseguir fazer algo, na maioria das vezes, por repetição. Podemos tomar como exemplo um professor de Matemática. Os anos de experiência na área o fizeram ter uma capacidade de interpretação de números acima da média. Em contrapartida, poderá existir uma pessoa que fará os mesmos cálculos de forma mais rápida e objetiva, mesmo que não seja professor de Matemática. Um caso de talento, sobre o qual falaremos mais à frente.

Imagine agora um jogador de basquete que tem habilidade de jogar bolas ao cesto, um lutador de boxe que tem habilidade motora por treinamento constante, e assim por diante. A habilidade costuma apresentar melhorias assim que se começa a treinar.

O ex-jogador de basquete Oscar Schmidt, com quase 50 mil pontos, recorde absoluto até hoje no basquete mundial, comenta: "Eu sou produto de treinamento. Todo grande atleta é produto de treinamento. Quem não treinar não vai virar nada" (Superti, 2013, s.p.).

Segue um trecho que trata das diversas habilidades, extraído do texto do Irmão Armando Luiz Bortolini, professor titular de Orientação Profissional da Faculdade de Educação da Pontifícia Universidade Católica do Rio Grande do Sul (PUCRS), e da Irmã Genoveva Guidolin, professora do Colégio Marista Rosário:

Das habilidades

I) As Intelectuais

Inteligência geral (Q.I.)

Ter facilidade para raciocinar, compreender o que ouve, escutar, ler, planejar, criar, resolver problemas etc.

Raciocínio abstrato

Ter habilidade em descobrir relações e estabelecer deduções ou induções por meio de símbolos, lidar com fórmulas abstratas etc.

Raciocínio verbal

Ter facilidade do uso correto das palavras, aprender línguas estrangeiras, interpretação de significados etc.

Habilidade numérica

Ter bom desempenho em lidar com números, realizar operações matemáticas com rapidez e exatidão, cálculos mentais etc.

Relações espaciais

Lidar mentalmente com objetos em espaço tridimensional, capacidade para imaginar movimentos, posições e rotações de objetos etc.

Habilidade mecânica

Ter facilidade em perceber e descobrir princípios de funcionamento de máquinas e de aparelhos e aplicá-los a situações reais etc.

Memória

Ter facilidade em lembrar ou evocar algo conhecido anteriormente em diversas modalidades: visual, auditiva, topográfica, mnemônica, onomástica.

Rapidez e exatidão

Pensar e/ou fazer bem e muito em pouco tempo, tanto nas percepções como no raciocínio concreto e abstrato.

Continua

Continuação

2) As Artísticas

Plásticas

Ter facilidade de perceber a beleza nas formas e cores, bem como para realizar obras e trabalhos como: pintura, escultura, desenho, decoração etc.

Musicais

Saber perceber a beleza estética baseada no som e ritmo, facilidade para tocar instrumentos musicais e leitura de partituras.

Dramáticas

Ter habilidade para perceber a beleza estética dos movimentos – expressão corporal e vocal, fisionômica; também conseguir efeitos fisionômicos, vocais, corporais etc. Num sentido específico, está a capacidade literária, facilidade de escrever, falar, com precisão e beleza de formas na expressão do pensamento.

3) As Psicomotoras

Agilidade física

Ser ágil para a movimentação, flexibilidade de movimentos do corpo e coordenação de movimentos simétricos e assimétricos.

Resistência física

Ter a capacidade de agir por longo tempo sem cansaço e de acordo com a profissão/atividade; superar os efeitos de temperaturas extremas.

Dígito-manuais

Ter habilidades que envolvem o uso das mãos/dedos – motricidade para tipos de trabalho e em profissões como dentista, músico, escultor, cirurgião, fisioterapeuta, instrumentista, datilógrafo, digitador, laboratorista, desenhista, pintor etc.

Agora façamos um exercício similar ao proposto para hierarquizar seus valores (Quadro 2.1), desta vez, colocando os números de 1 a 8 (habilidades intelectuais) e de 1 a 3 (habilidades artísticas e habilidades psicomotoras), sendo 1 o que mais se parece com você e 8 ou 3 o que menos se assemelha a você (Quadro 2.2). É importante salientar que "habilidade" não necessariamente expressa o que você gostaria de ser ou ter; portanto, classifique suas habilidades de acordo com sua realidade atual, mesmo que não goste delas.

Quadro 2.2 - Avaliação das habilidades

Habilidades intelectuais	1 a 8
Inteligência geral (Q.I.)	
Raciocínio abstrato	
Raciocínio verbal	
Habilidade numérica	
Relações espaciais	
Habilidade mecânica	
Memória	
Rapidez e exatidão	
Habilidades artísticas	**1 a 3**
Plásticas	
Musicais	
Dramáticas	
Habilidades psicomotras	**1 a 3**
Agilidade física	
Resistência física	
Dígito-manuais	

Agora que relacionou suas habilidades, sabe qual o seu propósito de vida, organizou sua hierarquia de valores, definiu qual seu custo de vida ideal e qual patrimônio precisa perseguir, vamos pensar sobre talentos!

O termo *talento* vem do latim *talentum,* e significa "certo peso de matéria preciosa" (Houaiss, 2009). Está relacionado com aptidão e/ou inteligência. Também podemos dizer que é uma habilidade inata, parece que veio escrita em nosso código genético. Obviamente, pode ser aprimorada com treino (habilidade), mas algo faz você ter mais facilidade que outra pessoa em desempenhar certas tarefas.

Tenho um exemplo interessante de dois amigos da adolescência, que aqui vou chamar de João e Carlos. O João nunca gostou de jogar futebol; já o Carlos tocava a campainha todo dia para saber se jogaríamos ou não. O João era um excelente jogador de futebol, mesmo não gostando de jogar; já o Carlos era péssimo na arte de dominar a bola. O Carlos era imprescindível ao jogo, pois, mesmo não jogando bem, fazia a coisa acontecer; o João, entretanto, era dispensável, pois, apesar de jogar bem, não fazia a coisa acontecer. O Carlos já tinha até aprendido a dominar a bola, ou seja, adquirido certa habilidade, mas claramente não tinha talento para futebol. O João era craque de verdade, puro talento.

Daí eu indago: qual dos dois virou jogador? Resposta: nenhum. Pergunto: qual dos dois poderia ter se tornado jogador? Resposta: os dois. Qual teria se dado bem? Resposta: ambos.

O exemplo explica um pouco o que é talento e também que, às vezes, mesmo tendo talento, não seguimos adiante. Talvez pelo fato de o talento, por si só, não ser a única mola precursora do sucesso, mas, sim, um dos ingredientes. Imagine que você tenha muito talento para jogar futebol, mas seu valor de *segurança* o sabote, afinal, você sente que precisa fazer faculdade de Medicina, ter diploma, ser bem remunerado, ao passo que ser jogador de futebol é um sonho. O importante aqui não é incentivar médicos a virar jogadores de futebol e vice-versa. Novamente, é entendermos o conjunto de coisas que nos forma e que guia nossas decisões, muitas vezes, inconscientemente.

Vamos nos aprofundar um pouco mais e entender os conceitos de *ser capaz*, *ser competente* e *ser extraordinário*.

Ser capaz é receber um aprendizado e treinamento e conseguir fazer algo.

Ser competente é ser capaz e ter o comportamento adequado para realizar a tarefa.

Ser extraordinário é ser competente e ter talento inato.

Por isso, algumas pessoas são extraordinárias no que fazem. Procure juntar talento, habilidade e propósito, respeitando seus valores e suas formas de inteligência, e, assim, descobrirá sua força potencializada.

Certa vez, assisti a uma reportagem sobre um senhor japonês que produzia catanas.[7] Ele comentou que demorava meses, ou, até mesmo, anos para fabricar uma única peça. Imaginemos que ele tenha habilidade plástica, agilidade física e manual. Certamente, essas características ajudam-no a forjar espadas. Agora, suponha que você, por exemplo, é de etnia oriental (não que outras etnias não possam forjar espadas) e no exercício anterior tenha constatado as seguintes capacidades com maior pontuação:

- Habilidades intelectuais → Mecânica.
- Habilidades artísticas → Plástica.
- Habilidades psicomotoras → Digito-manuais.

Vamos, agora, hierarquizar os valores:

- Tradição familiar.
- Respeito.
- Moral.
- Segurança financeira.

---

[7] Espadas japonesas longas, ligeiramente curvas nas pontas, com um só fio, usadas pelos samurais.

O que uma pessoa de etnia oriental, com forte tradição familiar, habilidade e talento em usar as mãos, faria? Forjar espadas, cuidar de jardins, cuidar de plantas e ornamentos, pescaria etc.

Agora, imagine que essa pessoa tenha os valores de *poder* e *segurança* muito fortes. Será que forjar espadas é o melhor caminho? Talvez seja montar um pesque-pague, tornar-se importador de espadas, criar uma empresa de jardins orientais.

Quando analisamos conscientemente missão, valores, tipos de inteligência, talentos e habilidades, as possibilidades vão surgindo em nossas mentes, e diversas profissões aparecem com muita força.

Howard Gardner, professor norte-americano, especializado em Educação e Neurologia pela Universidade de Harvard, elaborou a *teoria das inteligências múltiplas* em 1983. Elas também são importantes para colocarmos na balança, pois, por meio delas, conseguimos juntar mais dados relevantes para a nossa busca pessoal e profissional. Lembra-se de quando comentei que um Q.I. alto não é fator fundamental para o sucesso? Pois é, o Q.E., ou coeficiente emocional, também é um fator importantíssimo. Observe ainda os outros tipos de inteligência (Gardner, 1995):

- *Inteligência linguística*: capacidade de usar a linguagem para expressar e avaliar significados complexos.
- *Inteligência visoespacial*: capacidade de perceber, criar, transformar imagens e movimentos de objetos no espaço.
- *Inteligência interpessoal*: capacidade de compreender e interagir efetivamente com o outro.
- *Inteligência lógico-matemática*: capacidade de trabalhar com hipóteses e de realizar operações matemáticas complexas.
- *Inteligência naturalista*: capacidade de reconhecer padrões da natureza, identificando e classificando seres e objetos.
- *Inteligência corpo-sinestésica*: capacidade de manipular objetos, sintonizando-os a determinadas habilidades físicas.

- *Inteligência musical*: capacidade de lidar com a entonação, com a melodia e com o ritmo.
- *Inteligência intrapessoal*: capacidade de construir uma percepção acurada de si mesmo e de usá-la no direcionamento de sua vida.

Façamos uma correlação entre as inteligências de Gardner, profissões correlatas e exemplos de destaque (Quadro 2.3).

Quadro 2.3 – Papel das inteligências de Gardner (1995)

Domínio	Papel	Exemplo
Espacial	Arquiteto, engenheiro	Niemeyer
Corporal	Bailarino, ator	Baryshnikov
Musical	Músico, cantor, compositor	Mozart
Linguístico	Poeta, jornalista, escritor	Cervantes
Lógico-matemático	Cientista, matemático	Einstein
Interpessoal	Psicólogo, filósofo	Freud
Intrapessoal	Religioso, palestrante, político	Gandhi
Naturalista	Biólogo, geólogo	Darwin

Isso é mais ou menos como dar peso 10 em provas de Matemática para alguém com inteligência musical. Será que o professor não poderia usar o exemplo de quão perfeito é o universo da matemática ao explicar as oitavas maiores ou menores? Dizer que sem matemática um músico terá dificuldade em gerenciar seu estúdio ou escola de música? Talvez, assim, o professor trouxesse o aluno apaixonado por música de volta ao planeta Terra.

Um músico precisa, sim, aprender matemática e, se souber onde ela lhe será útil, aprenderá com muito mais eficácia.

Outro exemplo é dar o comando de uma força militar para uma pessoa sem habilidade emocional. Imagine que esse indivíduo seja introspectivo, analítico e com Q.I. alto. Talvez esteja muito mais habilitado para criar sistemas de segurança da força militar do que para liderar equipes de batalha.

Steve Jobs,[8] em seu discurso para os formandos de Stanford (2005), comentou que abandonou a faculdade, pois não se sentia atraído por coisas que nunca usaria em sua vida, e resolveu assistir algumas aulas que considerava interessantes. Em uma delas, a de caligrafia, conheceu um pouco mais sobre fontes. E uma das fontes que estudou veio a se tornar uma das marcas registradas da Apple.

Possivelmente, Steve Jobs não tinha a *segurança* como valor importante no topo de seu pódio, o que facilitou o processo de abandonar os estudos e tentar montar o computador pessoal.

Então, vamos fazer como nos exercícios anteriores? No Quadro 2.4, enumere de 1 a 8 as suas maiores inteligências, sendo 1 a maior e 8 a menor.

Quadro 2.4 – Classificação das inteligências

Inteligência	Classificação (1 a 8)
Inteligência linguística	
Inteligência visoespacial	
Inteligência interpessoal	
Inteligência lógico-matemática	
Inteligência naturalista	
Inteligência corpo-cinestésica	
Inteligência musical	
Inteligência intrapessoal	

Vale ressaltar que há diversos testes, exercícios e programas que nos ajudam em nossa orientação vocacional. O importante é analisar, analisar e analisar. A busca incessante vai ajudar a entender qual sua real vocação.

---

[8] Fundador da Apple.

Tenho uma ótima notícia! Se você descobrir que ama fazer algo diferente, não significa que precise abandonar tudo por uma nova vida. Respeite-se. Não precisa chutar tudo para o alto! O importante é descobrir o que ama fazer, o que faria de graça, pois, quando trouxer isso à tona, as coisas vão acontecendo naturalmente. Comece seu novo trabalho à noite, aos fins de semana, e, antes de pensar em ganhar dinheiro, prepare-se, troque algumas horas ociosas por um curso que aprimore seus conhecimentos naquilo. Se tiver talento, ótimo! Se não tiver, busque a habilidade: faça, repita, faça novamente e tente ser um craque no que ama. Quando menos perceber, vai começar a fazer coisas e receber por elas. Sua vontade de fazer vai superar o cansaço, e, quando menos esperar, a transição de carreira ocorrerá. E quer saber? A transição muitas vezes acontece dentro da própria empresa, apenas com a troca de área ou de departamento.

*****

Voltando às minhas sessões do "café do pensar" com minha esposa, avaliei também meus talentos e habilidades. Trabalho há mais de 25 anos na área financeira; adquiri, por repetição, tentativa e erro, a habilidade em lidar com os números.

Sempre recebi *feedback* de que eu era talentoso em falar com pessoas, em escrever, em dar cursos e palestras. E sempre, de fato, senti-me seguro ao falar e tentar criar formas diferentes de didática. Descobri que ser palestrante e escritor era a melhor maneira de espelhar quem eu realmente era do ponto de vista vocacional.

Pensei: "Não quero apenas ensinar as pessoas a economizar, cortar gastos e controlar suas finanças. Quero ajudá-las a não sofrer. Quero ajudá-las a ter consciência dos seus atos, com controle, e, por fim, ajudá-las na busca de seus caminhos. E, por que não, dar algumas boas dicas de como alcançar a riqueza nesse caminho?".

Então, montei o primeiro módulo do curso, pois percebi que as pessoas queriam riqueza sem saber exatamente para que e se os valores que queriam eram racionais.

Vamos agora falar um pouco sobre o seu personagem ideal.

2.5 Escolha seu personagem

Em certa oportunidade, estava me dedicando aos estudos de docência em ensino superior pela Fundação Getúlio Vargas e me deparei com um tópico representativo. A apresentação *online* do curso mostrava aos alunos que usaria *personagens* animados para representar os diversos temas abordados durante o curso e deu alguns exemplos: Freud – Disciplina de Recursos Humanos; Da Vinci – Disciplina de Gestão de Projetos; Napoleão Bonaparte – Disciplina de Estratégia.

Meu primeiro sentimento foi vincular esses personagens às inteligências de Gardner. No entanto, além disso, um pensamento me ocorreu. Sempre gostei muito dos livros e das teses de Sigmund Freud sobre a mente humana, dos pensamentos provocativos de Friedrich Nietzsche, das palestras brilhantes de Steve Jobs, entre outras personalidades que admiro.

Até aí, nenhuma novidade. O "clique" ocorreu quando percebi que, em cada perfil, em cada pessoa, em cada traço notado, havia um pedaço do que eu queria ser, como pessoa ou como profissional. Pensar em personagens que admirava foi mais um ponto necessário para que pudesse saber qual caminho eu queria seguir.

Quando me encantava com Steve Jobs, na verdade, maravilhava-me com sua forma firme e clara de falar em público, sua persuasão, seu poder de comunicação. Quando lia alguma matéria sobre Freud, achava fantástico perceber o quão altruísta era poder ajudar uma mente em sofrimento. Percebi que gostava muito das histórias de líderes como Cristo, Buda, Confúcio, Descartes, Sócrates e que filosofia e religião me atraíam de uma forma inexplicável. Foi então que concluí: "Minha missão talvez seja transmitir conhecimento. Desde pequeno, sempre gostei de ler, mas o que me fascinava mesmo era poder explicar o que tinha aprendido aos outros".

Então, pensei na minha habilidade. Aos 21 anos, quase repeti o primeiro ano de faculdade, por causa de contabilidade. Mesmo sem qualquer talento com números, acabei me tornando auditor externo de uma das maiores empresas de auditoria externa do mundo.

Transformei uma fraqueza em habilidade pela repetição e pelo meu forte valor de *segurança*. Era muito gratificante trabalhar em uma das maiores empresas de auditoria do mundo e ter um bom emprego. Tornei-me coordenador, gerente e, por fim, diretor, sempre na área de Finanças. Mas qual era meu talento?

Não recordo ao certo onde li ou ouvi o seguinte comentário, e peço desculpas por não dar o devido crédito, mas talento, na maioria das vezes, deve vir acompanhado de opiniões externas. Sabe aquele programa de calouros, em que a pessoa pensa que canta muito bem e é simplesmente uma tragédia? Pois é, ela realmente acredita que é boa, mas no fundo não é. Ela se ouve cantando bem. Precisa de alguém que dê opinião a respeito do talento que acredita ter.

Para que você não caia no mesmo erro, pergunte aos colegas de trabalho, amigos e familiares: "Qual é o meu talento?". Possivelmente, descobrirá seu talento dessa forma. No meu caso, algumas pessoas comentavam que eu deveria ser professor, palestrante ou mesmo político, pois tinha facilidade em falar e irradiava prazer ao transferir conhecimento. Percebe como os personagens que admiro têm um vínculo incrível com essa ideia? Pensar em um ou mais personagens que você admira pode ser um ótimo atalho para descobrir seu *talento* e, por que não dizer, sua *missão*.

Novamente, apesar de querer ensinar e transmitir conhecimento, não queria ser professor, pois conflitava com meu valor de *segurança*, o que é uma pena, pois os docentes deveriam ser dos profissionais mais bem remunerados. Mas como transferir conhecimento e ter uma boa remuneração? Usar meu talento para falar, minha habilidade com números, surfar nos mares de filosofia, psicologia, negócios e finanças, sempre citando pedaços das histórias dos personagens que admiro. Eureca!

Serei *coach* financeiro, palestrante e escritor!

Como abandonar meu emprego e começar tudo do zero? Claro, não precisarei abandonar meu emprego e anos de carreira para me tornar palestrante, escritor ou mesmo *coach*. Farei isso à noite e aos fins de semana.

A conclusão não chegou assim facilmente, foram anos de estudo, e tudo ia aparecendo de forma desconectada. Li muito, fiz diversas anotações, não tive preguiça de escrever meus valores, minhas inteligências, meus personagens. Até conversa despretensiosa em uma mesa de bar era momento de reflexão. Eu prestava atenção em amigos que mostravam olhos brilhando ao falar de algo. Aliás, uma das partes interessantes da descoberta foi saber que uma das minhas vontades era escrever um livro, contar tudo.

De certa forma, eu já conhecia os meus desejos, mas, como um *iceberg*, a maior parte estava submersa, dentro de mim. E a ideia aqui é motivar você, leitor, a se questionar sobre o que o move e, como diz minha esposa, uma excelente terapeuta: "Tomar consciência talvez seja o grande movimento inicial para um processo de renascimento". Ela está certa! É isso mesmo!

O autoconhecimento vocacional pode parecer uma difícil descoberta, mas descobrir "o que você quer ser quando crescer" não é a resposta para todas as suas perguntas, mas, sim, apenas uma porta que se abre para o caminho certo a seguir. De novo, é a tomada de consciência.

Quando descobrimos o que queremos fazer de nossas vidas, não significa que devemos abandonar a carreira atual e tentar algo completamente novo. A descoberta pode auxiliar você, caro leitor, a tentar algo dentro da sua própria empresa, em outra área, outro departamento, sem precisar jogar tudo para o alto. Como disse Steve Jobs (2005), conecte os pontos. As coisas não precisam ser tão traumáticas e trágicas. Só precisamos ter disciplina para descobrir o que nos faz bem e planejamento para saber a melhor forma de mudar.

Observe o Quadro 2.5 e considere a área de atuação de cada figura histórica ou personalidade.

Quadro 2.5 – Figuras históricas/personalidades e áreas de atuação/ profissões

Personalidade	Área de atuação/Profissões
Jesus, Maomé, Moisés, Lao Tsé e Buda	Liderança, Teologia, Religião, ONGs
Cristóvão Colombo, Vasco da Gama	Historiador, Professor, Explorador
Albert Einstein	Cientista, Professor
Copérnico	Astronomia, Física
Walt Disney	*Marketing*, Estratégia, Artes
Karl Marx, Lutero, Adam Smith, Maquiavel	Administração, Economia, Política
Alexandre, o Grande, Júlio César	Estratégia, Negócios, Política
Lutero, Lenin	Política, Negociação e Postos de Liderança
Platão, Sócrates	Filosofia, Sociologia, Política e Religião
Michelangelo, Picasso, Da Vinci	Escultura, Arte, Artesanato, Engenharia
Henry Ford	Administração, Produção, Engenharia

A diferença entre essas pessoas e nós talvez seja que elas aplicaram suas forças em áreas que as potencializaram. Talvez até de forma inconsciente. Mas se conseguimos tentar trazer à consciência, por que não?

E você, está fazendo isso? Está se potencializando ou apenas transformou seu emprego em rotina? Ao final do mês recebe seu salário, reclama, depois recebe o salário no mês seguinte, então, reclama de novo, gasta mais, reclama mais? O que realmente está fazendo de diferente? Se a resposta for "nada", por que realmente acredita que algo vai mudar?

Meu filho adora basquete, joga pela sua universidade, pelo clube, com amigos, e tem como um de seus ídolos Michael Jordan, um dos melhores jogadores de todos os tempos. Ele também é apaixonado por futebol. Além disso, assiste futebol americano; às vezes, futebol de salão, tênis, beisebol, natação e MMA.

O primeiro emprego do meu filho foi em uma consultoria financeira, e, após alguns meses, percebi que seus olhos não brilhavam mais. Minha esposa veio conversar comigo e disse que ele queria uma vida diferente da minha, que não gostava de finanças e que não gostaria de enveredar por esse mundo. Gostava de esportes, de pessoas, de eventos. Ele percebeu que seu negócio estava relacionado aos esportes e, então, bingo!

Hoje, ele trabalha em uma empresa de *marketing* esportivo e gosta muito. O Universo conspirou a favor? Lógico que sim! E ele abraçou a causa e fez o que tinha que fazer para arrumar um emprego na área. O difícil não é arrumar emprego na área. Difícil mesmo é descobrir qual é a área!

Ele sabia que não teria o melhor salário do mundo, pois pesquisou e descobriu que esse mercado não remunerava tão bem, mas também sabia que amaria seu trabalho, e é assim que descobrimos nosso *trabalho*, e não o nosso *emprego*. Ele sabia que adoraria o ambiente descontraído, embora estressante. Aí, ficou simples: bastava pesquisar quais empresas atuavam na área e mapear em quais poderia tentar uma vaga. Enfim, ele conseguiu. Encontrou uma consultoria de *marketing* esportivo. Atualmente, ele dá suporte a um excelente programa social criado por uma empresa multinacional. Participou de eventos para a Copa do Mundo do Brasil, conheceu vários estádios, assistiu a vários jogos, viu jogadores famosos, até foi à final. E está completamente extasiado com essas atividades.

É importante entender, também, que ser feliz não significa não errar e não sofrer. Quando caímos, precisamos levantar, e é nessa hora que nos tornamos pessoas melhores. Perceber que o salário não é o melhor do mundo é bom, afinal, não podemos querer achar que a vida é um céu azul, sol brilhando e casinha na montanha. As pedras no caminho fazem parte do crescimento.

Ele certamente ganhará dinheiro, pois seu nível de envolvimento supera as usuais oito horas diárias de trabalho. Sente prazer em ver seu trabalho pronto, de ver o resultado, daí, não tem jeito, o sucesso chega!

*****

Descubra qual sua *missão*, sua *hierarquia de valores*, seus *talentos* e suas *habilidades* principais, qual das *inteligências múltiplas* se encaixa melhor no seu perfil e, por último, os personagens que admira. As respostas serão um grande auxílio para maximizar seus potenciais. O dinheiro aparecerá, mas, melhor ainda, sua sensação de realização, gratidão e pertencimento será seu maior ativo.

Novamente, se a descoberta trouxer necessidade de uma transição de carreira, faça tranquilamente, de forma planejada, sem estresse. Tudo no seu tempo. Entenda que, às vezes, seu valor de *segurança* é tão forte que acaba fazendo algo de que não gosta ou, até mesmo, que não corrobore com sua inteligência, com seu talento, apenas pela necessidade do dinheiro. Então, faça algo planejado. Se seu valor de *segurança* é muito forte (e só você poderá responder), não adianta abandonar o emprego para montar um quiosque em um *shopping*, pois, no segundo mês em que continuar investindo sem receber salário, o sofrimento e a necessidade de *segurança* serão tão grandes que o obrigarão a abandonar tudo e voltar ao mercado de trabalho, talvez para ganhar até menos do que antes.

Lembre-se: "Um bombeiro pode acordar feliz por saber que irá salvar vidas, mesmo com um baixo salário. Entretanto, outro bombeiro, mesmo salvando vidas, acordará triste, pois tem um baixo salário".

Para que seus valores não o bloqueiem, respeite-os e jogue o jogo. O processo de consciência é o primeiro passo para que as soluções comecem a aparecer magicamente em nossas vidas.

"Eu adoraria ser mochileiro, mas, como meu valor de *segurança* é muito forte em minha hierarquia de valores, prefiro comprar um pacote de viagem, continuar trabalhando, ganhando meu salário, minhas férias, 13º etc."

Coaching
financeiro

Antes de darmos continuidade, vamos novamente recordar o que vimos até agora.

Meta financeira

Descubra qual o seu custo de vida e, consequentemente, qual o patrimônio que deseja perseguir. Sem essa visão, será como a *Alice no País das Maravilhas*, ou seja, se não sabe para onde ir, o que quer, qualquer caminho serve. Algumas das pessoas bem-sucedidas que entrevistei tinham tudo o que imaginamos de melhor, mas pensavam da mesma forma: "E agora?". Poderá conquistar dinheiro como o meio, mas, se não souber qual o fim, possivelmente se perderá.

Autoconhecimento

- Sua hierarquia de valores.
- Sua missão, ou propósito de vida.
- Seus talentos e suas habilidades.
- Suas inteligências.
- Seu personagem ideal.

Além dos tópicos anteriores, novamente reforço que existem vários exercícios e técnicas disponíveis na internet que o auxiliarão no processo de busca da vocação.

Neste capítulo, vamos entender como colocar os Capítulos 1 e 2 em prática. Ele é a concretização da *Teoria da Riqueza*. É o planejamento de tudo que falamos até agora, e, claro, teremos de pincelar os capítulos anteriores novamente.

Nossa vontade de juntar milhões de reais na conta corrente é justificada por vários fatores, mas há dois que são unanimidade entre meus clientes: sensação de *segurança* e possibilidade de comprar "coisas". Grande parte das pessoas tem como principais valores na hierarquia *segurança* e *família*, e o dinheiro é o melhor amigo nessas condições. Os valores *segurança* e *família* nos obrigam a buscar empregos que nos remuneram bem, deixando de lado nossas reais vocações, como já mencionado no Capítulo 2.

Nesse círculo vicioso e estressante, queremos enriquecer, mas ao mesmo tempo, queremos abandonar nossos empregos e ficamos elucubrando como montar nosso próprio negócio, como conseguir enriquecer em apenas um ano, ganhar na loteria ou ser convidado para um *reality show*.

O valor da riqueza (meta financeira) nos ajuda a trilhar o caminho correto. Para que juntar 10 milhões de reais se realmente preciso de 3? Claro que podemos economizar os 10 milhões, mas, se sua meta é de 3 milhões de reais, você se estressará desnecessariamente. O que vier acima dos 3 milhões são valores monetários que serão adicionados ao seu custo de vida, proporcionando uma vida melhor. Busque primeiro os 3 milhões de reais. Só então pense no próximo passo. Recorde-se de que ninguém corre 42 quilômetros de maratona sem dar o primeiro passo.

E, se ganharmos e não construirmos ativos que gerem renda, estamos simplesmente aumentando nosso custo de vida e, consecutivamente, nossa preocupação em perder.

O autoconhecimento nos ajuda a gastar menos, a aumentar as rendas e a ser mais felizes.

Neste capítulo, trataremos do controle financeiro propriamente dito, sabendo um pouco mais sobre quem somos; o que gostamos de fazer; qual a meta financeira que deve ser incluída em nossos controles para fazer as coisas acontecerem.

Antes de tudo, vamos conhecer um pouco mais sobre alguns termos importantes em finanças que nos ajudarão muito no andamento dos nossos trabalhos.

Vamos começar com dois termos muito comuns entre os profissionais da área: *ativo* e *passivo*.

Ativos são bens e direitos. Seu dinheiro em conta corrente, seus investimentos, seu veículo, seus estoques, seus valores a receber, seu apartamento etc.

Passivos são as exigibilidades e as obrigações. Empréstimos, financiamentos, fornecedores diversos, salários, impostos, mensalidade escolar etc.

Agora, imagine o seguinte: se você empresta seu ativo para alguém, esse alguém lhe paga uma renda, um dividendo, correto? Em contrapartida, se você pedir um ativo emprestado, é você quem terá que pagar, certo?

Então, vamos definir o seguinte a partir de agora: sempre que falarmos sobre *renda*, é você emprestando seu ativo para alguém; e sempre que falarmos de *juros*, é alguém emprestando ativo para você.

Por exemplo, se emprestar seu apartamento para alguém morar, a pessoa lhe paga aluguel, ou seja, o aluguel é sua *renda*.

Agora, imagine que você vai a uma loja e compra um aparelho celular em 10 vezes. Como não comprou à vista, alguém está lhe emprestando o dinheiro para comprar, no caso, a própria loja, e, por essa razão, ela incluiu nas parcelas do celular os *juros*.

Em um processo bem simples, vamos entender juros e renda como basicamente a mesma coisa. O que muda é o *lugar*, ou seja, se está emprestando um ativo ou pedindo emprestado. E, se quer emprestar, precisa conquistar primeiro.

3.1 Ativos que geram riqueza

Imagine que você tenha um apartamento que valha 500 mil reais e um empréstimo a pagar no valor de 100 mil. Dessa forma, seu patrimônio líquido será a diferença entre seus ativos e seus passivos, ou seja, 400 mil reais.

Há um ponto importante para refletirmos. Será que riqueza significa acúmulo de ativos? Depende.

Imagine o seu carro. A princípio, ele é um ativo. Mas, no momento em que você o compra, com ele, vêm passivos, ou seja, gastos com impostos, seguros, manutenção etc.

Pense na sua casa: ela também é um ativo, mas que, da mesma forma, gera dívidas, com condomínio, imposto predial, manutenção etc.

Como bem explicado no *best-seller* de Robert Kiyosaki e Sharon Lechter, *Pai rico, pai pobre* (2000), os verdadeiros ativos são aqueles que gerem renda, e não dívidas.

Não que não possamos comprar carros, apartamentos e demais ativos que gerem dívida. O que afirmo é que esses ativos custam dinheiro, não geram riqueza, mas, sim, aumentam nosso custo de vida e prorrogam a aquisição dos ativos que nos farão enriquecer.

Lembra-se do Capítulo 1, no qual descobrimos nossa meta financeira com base no custo de vida? Pois é, quanto maior o seu custo de vida, maior o patrimônio que terá de construir para bancá-lo.

No livro *Como fazer amigos e influenciar pessoas* (2012), o autor, Dale Carnegie, cita que um dos nossos maiores desejos é o de sermos reconhecidos. Uma grande verdade. Portanto, nossas aquisições são formas de comprovar para a sociedade, os vizinhos, os familiares e, por que não, para nós mesmos que alcançamos o sucesso. Entretanto, é um dos maiores obstáculos para comprarmos ativos que gerem renda, que, usualmente, não aparecem.

Você prefere investir em um apartamento de 300 mil reais que vai gerar renda passiva mensal de 1.500 reais ou comprar um belo veículo e desfilar com ele? Nenhum problema em comprar seu carrão, até porque essa decisão está muito ligada à sua hierarquia de valores, recorda-se? Mas não se sinta azarado por nunca ter enriquecido. Você está com o leme nas mãos. Você é quem decide pagar pelos seus valores ou enriquecer. Questione-se: "Quero o veículo ou quero comprar ativos que gerem renda?".

Como ativos que geram renda demandam certo tempo para produzir frutos, temos a sensação de que é melhor gastar do que economizar. Este capítulo falará um pouco sobre economizar e gastar ao mesmo tempo.

Pense em um ativo que gere renda. Imagine que você comprou um apartamento e o alugou. Os custos correrão por conta do locatário, ou seja, ele é quem pagará condomínio, manutenção e impostos, e, ainda, uma parcela mensal de aluguel. A parcela será batizada aqui de *renda passiva*, ou seja, aquele ganho que você aufere sem aplicar mão de obra, sem precisar trabalhar. Isso nada mais é do que a ideia de *Teoria de Riqueza*, "uma renda que cai no seu bolso sem que você precise trabalhar e que seja suficiente para pagar seu custo de vida".

Lembre-se de que riqueza é diferente de fortuna. Você pode acumular fortuna, no entanto, pode acumular dívidas também. Você tem um quarto cheio de moedas de ouro, como o personagem da Disney Tio Patinhas, e, na sala ao lado, vários boletos bancários para pagar, empréstimos e financiamentos que anulem os ativos. Assim, você possui fortuna, mas não é rico, pois seu patrimônio líquido é baixo. Muitas pessoas podem querer desfilar em carros caríssimos, mesmo que financiados. O valor de *poder* dessas pessoas é muito maior que seu valor de *segurança* e, novamente, não existe certo ou errado. Existe, sim, descobrir quem você é, e, dessa forma, tomar decisões conscientes.

Cuidado ao imaginar que uma pessoa dirigindo uma Porsche é rica. Ela pode ter financiado, ou mesmo pago à vista, mas junta todo o salário para pagar o IPVA e ainda mora de aluguel. Se tem um carrão, mas também tem dívidas, ela tem ativo e passivo correspondentes. Se alguém mora de aluguel na sua casa ou apartamento, se você recebe dividendos de ações na bolsa de valores ou tem participação em empresas, a renda está pagando seu custo de vida, e a Porsche faz parte do seu custo de vida, bingo: riqueza!

Vamos pensar que, além do aluguel de um imóvel, você pode comprar ações que paguem dividendos. Outro exemplo é o rendimento real de uma aplicação financeira. O rendimento (líquido de inflação) também é uma forma de renda passiva.

Vou dar um exemplo interessante: compre carros e os alugue como frota. Com o ganho da locação, você contrata um gerente para administrar a frota. Isso fará que você dedique o menor tempo possível ao negócio e "apareça no final do mês para retirar os dividendos". Se o trabalho envolver seu tempo, a renda que vai ganhar será uma renda ativa, não passiva, pois suas horas de trabalho valem dinheiro, ou seja, virou um salário. Você comprou um negócio, não um ativo que gere renda. Você precisará trabalhar para que o negócio se perpetue.

Quando você tomar a decisão de investir em um ativo que gere renda passiva em vez de comprar o carrão, pergunte-se: "Em qual ativo devo investir? Apartamento para alugar, dividendo recebido de ações na bolsa, frota de veículos, fundos de investimento?". Nesse momento, um bom consultor financeiro pode dar o suporte necessário.

Mas não se esqueça: a principal decisão é querer comprar ativos que gerem renda passiva. E é imprescindível definir qual sua meta financeira antes.

Outra coisa importante: se você descobriu que sua meta financeira é montar patrimônio de 2 milhões de reais, não precisa esperar

20 anos para juntar o montante. Basta, por exemplo, a cada 300 mil reais, começar a adquirir ativos que gerem renda, pois além do seu salário, aparecerá uma renda extra, e isso vai acelerar o processo de chegada aos 2 milhões.

Às vezes, é melhor desfazer-se de alguns ativos que gerem passivos e adquirir ativos que gerem renda, ou seja, dar um passo para trás para dar vários passos para a frente. Tenho clientes que venderam seus apartamentos espaçosos e compraram dois ou três menores, foram morar em um e colocaram os outros para alugar. Rapidamente, estavam comprando novos ativos, e seus planejamentos financeiros mostravam que, em 5, 10 ou 15 anos, alcançariam a riqueza. Contudo, é claro, se vender seu ativo e desmembrá-lo em dois ou três fará você sofrer em razão dos seus valores de *segurança* e *poder*, não o faça, mas, pelo menos, tenha consciência de suas decisões.

Não se esqueça: juros e renda têm um conceito similar, a única coisa que muda é se você emprestou ou pediu emprestado.

Tente vencer aquele sentimento de consumo. Se me perguntarem se prefiro um carro popular a um SUV, eu prefiro um SUV. Para outras pessoas, um SUV não é importante, mas um armário repleto de bolsas, sapatos e maquiagens, sim.

É claro que prefiro morar em um apartamento espaçoso, com belas mobílias, e é óbvio que quero mostrar ao mundo (ou a mim mesmo) que venci. Mas essas aquisições não podem sabotar o plano de buscar minha meta financeira, não podem destruir minha riqueza ao invés de construí-la.

Lembre-se: seu custo de vida desejado pode ser o valor que quiser, mas tenha em mente que seus ativos que gerem renda serão os responsáveis por pagá-lo.

Se seu apartamento grande, seu carro SUV, sua casa na praia e suas fantásticas viagens não fizerem parte do seu custo de vida planejado, apenas postergarão seu potencial de riqueza, pois é você quem está pagando pelo custo de vida, não um terceiro.

Se deseja ter um custo de vida de 10 mil reais ao mês e supõe uma remuneração mensal de 0,5%, basta ter em mente que, além da sua moradia, precisará buscar 2 milhões de reais. O importante é definir a meta e colocar no seu plano financeiro.

3.2 Juros *versus* renda

Recorda-se da hierarquia de valores? Novamente, se um dos seus principais valores é a *segurança*, talvez você prefira comprar algo em 10 vezes a pagar à vista, mesmo tendo o dinheiro. A história lhe parece familiar? Pois é, o sentimento de ver seu dinheiro sair da conta corrente de uma única vez é aterrorizante quando o valor *segurança* é importante.

O exemplo é ótimo, pois nos ajuda a entender ativos que gerem *renda* e ativos que gerem *juros*.

Vamos repetir o que já foi dito para fixar o conceito. Se está comprando algo a prazo, está pagando juros, ou seja, gerando renda passiva para alguém, no caso, o dono do produto.

Lembra-se do exemplo do apartamento que colocou para alugar e alguém está pagando aluguel por ele? Pois é, você faz a mesma coisa quando compra algo a prazo com juros embutidos. Está gerando renda passiva para alguém. Você precisa entender em qual lado na negociação está. Pague à vista, peça desconto, não remunere o outro. No mercado, se alguém ganha, alguém perde. Saiba optar conscientemente.

Entendo que, muitas vezes, não temos o que fazer. Precisamos pagar o aluguel para morar, comprar um eletrodoméstico dividido em várias parcelas... Mas será que estamos realmente sem dinheiro quando pagamos juros por um eletrodoméstico de 300 reais, e, ao mesmo tempo, financiamos um telefone celular de 2 mil reais em 12 meses?

Nenhum problema em adquirir algo que alimente nosso ego, mas devemos ter consciência de ativos que gerem renda, de ativos que destroem renda, de quem recebe renda passiva e de quem paga juros. A decisão agora passa a ser consciente!

Um cliente meu pensava em financiar um veículo de 20 mil em 36 meses com juros de 1% ao mês. Ele queria também adquirir um *smartphone* no valor de 2,5 mil e fazer uma viagem no valor de 5 mil. Considerando sua renda e o seu custo de vida, montamos dois cenários.

No primeiro, ele financiaria seu veículo em 36 parcelas. Logicamente, tivemos que planejar também novas despesas (seguro, impostos, gasolina e manutenção). Incluímos também o *smartphone* em cinco parcelas e a viagem em 10 parcelas.

Ele ganhava um pouco mais que 4 mil por mês e gastava em torno de 3 mil, exceto em janeiro, quando gastava um pouco mais. Como lhe sobravam recursos, sentiu que era hora de comprar seu veículo, um belo celular e realizar a viagem dos sonhos.

Seus desejos foram colocados na planilha, e ele terminou o primeiro cenário com 651 reais em conta corrente. Mas temos um agravante. Ele só ficou com a conta corrente positiva porque recebeu férias e 13º salário no fim do ano.

Perceba que, no primeiro cenário (Tabela 3.1), ele ficou com sua conta corrente negativa praticamente o ano inteiro. Pagou mais de 4 mil reais de juros bancários durante o ano e, pior, logo no começo do ano seguinte, a conta corrente ficaria negativa novamente, em razão dos gastos pontuais de janeiro (escola, IPTU, IPVA etc.). Veja:

Tabela 3.1 – Orçamento inicial

	Jan.	Fev.	Mar.	Abr.	Mai.	Jun.	Jul.	Ago.	Set.	Out.	Nov.	Dez.
Saldo inicial	**0**	**(1.764)**	**(2.505)**	**(3.302)**	**(4.173)**	**(5.124)**	**(5.262)**	**(5.405)**	**(5.562)**	**(5.734)**	**(5.921)**	**(3.475)**
Entradas	4.300	4.300	4.300	4.300	4.300	4.300	4.300	4.300	4.300	4.300	6.450	7.883
Despesas usuais	(4.000)	(2.800)	(2.800)	(2.800)	(2.800)	(2.800)	(2.800)	(2.800)	(2.800)	(2.800)	(2.800)	(2.800)
Financiamento*	(664)	(664)	(664)	(664)	(664)	(664)	(664)	(664)	(664)	(664)	(664)	(664)
Gastos com o carro*	(400)	(400)	(400)	(400)	(400)							
Viagem*	(500)	(500)	(500)	(500)	(500)	(500)	(500)	(500)	(500)	(500)		
Smartphone*	(500)	(500)	(500)	(500)	(500)							
Subtotal	**(1.764)**	**(2.329)**	**(3.069)**	**(3.866)**	**(4.738)**	**(4.789)**	**(4.927)**	**(5.070)**	**(5.227)**	**(5.398)**	**(2.935)**	**944**
Juros bancários		(176)	(233)	(307)	(397)	(474)	(479)	(493)	(507)	(523)	(540)	(293)
Saldo final	**(1.764)**	**(2.505)**	**(3.302)**	(4.173)	(5.124)	(5.262)	(5.405)	(5.562)	(5.734)	(5.921)	(3.475)	651

* Despesas extras

Já no segundo cenário (Tabela 3.2), resolvemos esperar um ano para comprar o carro, o *smartphone* e a viagem. Veja isto. Ao final do ano, sua conta corrente projetada mostrava um saldo de caixa de quase 23 mil reais. Veja:

Tabela 3.2 – Orçamento: segunda versão

	Jan.	Fev.	Mar.	Abr.	Mai.	Jun.	Jul.	Ago.	Set.	Out.	Nov.	Dez.
Saldo inicial	0	300	1.802	3.311	4.827	6.351	7.883	9.422	10.969	12.523	14.086	17.806
Entradas	4.300	4.300	4.300	4.300	4.300	4.300	4.300	4.300	4.300	4.300	4.300	4.300
Despesas usuais	(4.000)	(2.800)	(2.800)	(2.800)	(2.800)	(2.800)	(2.800)	(2.800)	(2.800)	(2.800)	(2.800)	(2.800)
Financiamento*												
Gastos com o carro*												
Viagem*												
*Smartphone**												
Subtotal	300	1.800	3.302	4.811	6.327	7.851	9.383	10.922	12.469	14.023	17.736	22.889
Aplicação fincanceira		2	9	17	24	32	39	47	55	62	70	89
Saldo final	300	1.802	3.311	4.827	6.351	7.883	9.422	10.969	12.523	14.086	17.806	22.978

* Despesas extras

No primeiro cenário, ele pagou juros ao banco; no segundo, note que, em vez de pagar juros ao banco, ele aplicou seu saldo adicional de caixa.

Na primeira situação, ele teria pagado apenas 12 meses da parcela do carro, faltariam 24 meses para quitar o veículo. Na segunda, já conseguiria comprar o carro à vista no segundo ano e, certamente, conseguiria desconto. Talvez o veículo saísse por uns 18 ou 19 mil reais. Teria dinheiro para pagar sua viagem à vista e, dependendo do destino, poderia comprar um *smartphone* igual, ou melhor, pela metade do preço.

Resolvemos calcular como ele estaria não após um, mas três anos, imaginando os dois cenários.

No segundo cenário, ele teria aproximadamente 15 mil reais a mais que no primeiro, ou seja, praticamente o valor de um veículo.

Perceba que os valores dele, seus interesses, a vontade de comprar um carro e viajar são coisas de que ele até pode não abrir mão, mas deve ter a consciência do impacto. No caso, posso afirmar que, ao ver a planilha, ele optou por comprar o carro após 14 meses, à vista. E não quis um carro de 20 mil, decidiu por um veículo seminovo, pois a depreciação é menor que a de um veículo 0 km. Também planejamos o valor que ele precisaria dar de entrada para comprar um apartamento, pois estava buscando sua meta financeira.

Vale dizer que esse fluxo de caixa tem um veículo, um aparelho celular e uma viagem ao exterior. Ele não se privou de gastar recursos, mas com foco e controle. O prazer da compra no momento da aquisição é um dos sabotadores da riqueza. Respire fundo, pense se o ativo gerará ganhos ou perdas para a sua riqueza e coloque na balança, ou melhor, coloque no seu controle financeiro. Nada melhor que visualizar sua vida financeira lá na frente para decidir o que fazer agora.

Nesse jogo, quem decide pagar juros ou ganhar renda é *você*!

3.3 Controle financeiro

Quando dou palestras, costumo dizer que a sessão sobre controle financeiro é o laço do presente, a cereja do bolo. Se você sabe qual sua meta financeira, adquiriu conhecimento da sua real vocação por meio das diversas ferramentas vocacionais e de *coaching* e já entende que a riqueza é acelerada quando adquire ativos que gerem renda, o que falta é aprender a controlar suas finanças. Por isso, entendo que controle financeiro é o último passo do treinamento. Sempre pensamos que, para sobrar dinheiro, temos que gastar menos. Não é verdade. Precisamos:

- ganhar mais;
- gastar menos;
- ou ambos.

E a geração de caixa adicional não deve servir para gastar mais, mas, sim, para comprar ativos geradores de riqueza. E, para enxergar isso, somente com o fluxo de caixa orçado em nossa frente.

Sabia que existe um nível de endividamento muito alto nos primeiros três meses do ano na maioria das famílias? Creio que você deve saber a razão. O material escolar dos filhos, os impostos dos veículos, os seguros, os gastos do Natal do ano anterior...

Para piorar um pouco, em novembro e dezembro, muitos de nós recebemos férias e 13º salário e gastamos desenfreadamente. Conhece alguém que vive assim? Se não acontece com você, certamente ocorre com alguém muito próximo.

Para exemplificar melhor: você ganha em torno de 5 mil reais ao mês, mas, no dia 20 de dezembro, depara-se com 12 mil reais disponíveis em conta corrente, fruto de bônus, 13º salário e férias no período, então, começam os planos de consumo. Presentes, viagens, celulares, gastos e mais gastos.

No último dia de janeiro, chega a fatura de cartão de crédito. Como você não tem controle dos gastos, o ato de abrir a fatura do seu cartão de credito já lhe causa um sofrimento enorme, como se não fosse você o único responsável pelos gastos desenfreados. Esse sentimento também é conhecido como "fobia financeira".

Um susto! São 10 mil reais de cartão de crédito, e, pior, outros boletos chegarão. E as férias que recebeu no mês anterior farão seu salário no mês atual ser menor que o usual. Vai ter que ficar dois ou três meses se recuperando e precisará usar o limite de crédito do banco. Juros!

Agora, imagine que você tivesse uma ferramenta chamada *fluxo de caixa*, e ela o ajudasse a controlar seu cartão de crédito, dizendo que não poderia ultrapassar 5 mil reais em janeiro, pois, em março do mesmo ano, outras despesas apareceriam. Assim, você consegue visualizar tudo, exatamente como o rapaz do veículo de 20 mil reais.

O fluxo ajudará a lembrar que seu salário em janeiro será menor, pois, em dezembro, recebeu férias. Obviamente, antes de aprender a fazer orçamento de caixa, você precisa aprender a usar o fluxo de caixa, que pode ser uma planilha eletrônica ou mesmo um simples caderno de anotações.

A ferramenta vai mostrar claramente o quanto você tem em conta corrente e o ajudar a gerenciar seus pagamentos e recebimentos. Quando começar a controlar seus fluxos financeiros diários, terá uma visão muito melhor sobre o que ganha e o que gasta. Com base nesse histórico de ganhos e de gastos, você cria um fluxo de caixa real, ou seja, um acompanhamento de sua conta corrente. Então, nasce seu controle de caixa, com o quanto você ganha e o quanto gasta.

Quando souber o quanto costuma gastar com cada item de seu fluxo de caixa, aprenderá a fazer um orçamento de caixa, a projeção que lhe dirá por quanto tempo você precisará juntar determinada quantia para poder alcançar sua meta financeira.

Veja, a seguir, um exemplo de um fluxo de caixa real (Tabela 3.3).

Suponhamos que seja dia 17 de janeiro de X1. Você imprimiu seu extrato bancário, viu que está com 45 reais em conta corrente e, também, que começou o mês com 150 reais.

Tabela 3.3 – Exemplo de fluxo de caixa real A

Descrição	Jan./X1
Saldo inicial	150,00
Entradas	2.525,00
Salários	2.525,00
Adiantamentos	–
Saídas	2.630,00
Escola	800,00
Condomínio	550,00
Financiamento	350,00
Presentes/Saque	500,00
Água/Luz	430,00
Saldo final	45,00

Pois bem, você digitou o saldo inicial de 150 reais em seu controle e foi, linha a linha, digitando cada gasto que apareceu no extrato bancário até o dia 17 de janeiro. Ótimo, seu fluxo de caixa real está conciliado com o extrato bancário, ambos terminando no dia 17 de janeiro com 45 reais. Mas ainda ocorrerão despesas no mês, e você também sabe que no dia 20 receberá adiantamento de salário.

Vamos imaginar que chegamos ao fim do mês, dia 31 de janeiro, e tenhamos o seguinte fluxo de caixa real (Tabela 3.4):

Tabela 3.4 – Exemplo de fluxo de caixa real B

Descrição	Jan./X1	Fev./X1
Saldo inicial	150,00	255,00
Entradas	3.535,00	–
Salários	2.525,00	
Adiantamentos	1.010,00	
Saídas	3.430,00	–
Escola	800,00	
Condomínio	550,00	
Financiamento	350,00	
Presentes/Saque	1.300,00	
Água/Luz	430,00	
Saldo final	255,00	–

Pronto, seu extrato de 31 de janeiro de X1 apresenta R$ 255,00, e seu fluxo de caixa está certo, conciliado.

Veja que aparece, também, uma segunda coluna, ou seja, o mês seguinte, fevereiro, que mostra o saldo inicial de R$ 255,00, que nada mais é que o saldo final de janeiro. E o saldo final de fevereiro também é R$ 255,00, pois, até o momento, você não digitou os gastos ocorridos no segundo mês.

Vamos supor que estamos no fim de fevereiro e você tem a seguinte situação (Tabela 3.5):

Tabela 3.5 – Exemplo de fluxo de caixa real C

Descrição	Jan./X1	Fev./X1
Saldo inicial	150,00	255,00
Entradas	3.535,00	3.535,00
Salários	2.525,00	2.525,00
Adiantamentos	1.010,00	1.010,00
Saídas	3.430,00	3.010,00
Escola	800,00	780,00
Condomínio	550,00	530,00
Financiamento	350,00	350,00
Presentes/Saque	1.300,00	870,00
Água/Luz	430,00	480,00
Saldo final	255,00	780,00

Percebe como as coisas estão ficando mais nítidas? Agora, surpresa! Veja a Tabela 3.6:

Tabela 3.6 – Fluxo de caixa real *versus* orçado

Descrição	Real		Orçamento									
	Jan./X1	Fev./X1	Mar./X1	Abr./X1	Mai./X1	Jun./X1	Jul./X1	Ago./X1	Set./X1	Out./X1	Nov./X1	Dez./X1
Saldo inicial	150	255	780	1.315	1.850	2.385	2.920	3.455	3.990	4.525	5.060	6.858
Entradas	3.535	3.535	3.535	3.535	3.535	3.535	3.535	3.535	3.535	3.535	4.798	4.798
Salários	2.525	2.525	2.525	2.525	2.525	2.525	2.525	2.525	2.525	2.525	3.788	3.788
Adiantamentos	1.010	1.010	1.010	1.010	1.010	1.010	1.010	1.010	1.010	1.010	1.010	1.010
Saídas	3.430	3.010	3.000	3.000	3.000	3.000	3.000	3.000	3.000	3.000	3.000	3.000
Escola	800	780	800	800	800	800	800	800	800	800	800	800
Condomínio	550	530	550	550	550	550	550	550	550	550	550	550
Financiamento	350	350	350	350	350	350	350	350	350	350	350	350
Presentes	1.000	520	500	500	500	500	500	500	500	500	500	500
Saque	300	350	300	300	300	300	300	300	300	300	300	300
Água/Luz	430	480	500	500	500	500	500	500	500	500	500	500
Saldo final	255	780	1.315	1.850	2.385	2.920	3.455	3.990	4.525	5.060	6.858	8.655

Com base no seu fluxo de caixa real de janeiro e fevereiro, você já pode começar a montar seu orçamento de caixa para os meses seguintes, inclusive aumentando seus ganhos em novembro e dezembro em razão da previsão do 13º salário que irá receber. Pronto, já tem uma nova visão! Terá disponíveis em conta corrente mais de 8 mil reais no final do período.

O fluxo de caixa real ajudará a domar suas finanças e, principalmente, dará a você um histórico de recebimentos e de gastos necessários para que monte seu orçamento de caixa futuro.

Os passos para começar a controlar suas finanças são:

1º) Comece montando seu fluxo de caixa real. Diariamente, inclua gastos e recebimentos que ocorreram no dia. Não se preocupe em tentar conciliar o passado. Vai dar muito trabalho, e você vai desistir. Comece hoje. Use o saldo inicial do mês em que está, veja as despesas que já ocorreram dentro dele e as inclua em seu controle real. Se estiver no final do mês, espere alguns dias e comece no mês seguinte, logo no primeiro dia.

2º) Após dois ou três meses de fluxo de caixa real, você vai se sentir à vontade para começar a pensar no seu orçamento de caixa. Deve lembrar-se de que os gastos reais de dois meses não vão apresentar todos os gastos que tem, por exemplo, seguros, IPVA, presente para esposa, marido, filhos, amigos etc. Às vezes, certos gastos não ocorrerão novamente, portanto, orce linha a linha e não queira ser preciso no início, pois sempre existe algum pequeno ajuste. Seu orçamento não precisa estar 100% correto, apenas servir como guia no processo de controle.

3º) Quando aprender a trabalhar com seu fluxo de caixa real e orçado, vai aprender, também, a incluir uma linha de despesas, que eu chamo de *PMT* (pagamento periódico), que, na verdade, não é uma despesa, mas uma parcela de um "boleto imaginário" que você irá pagar para si mesmo.

Recorda-se do Capítulo 1? Qual sua meta financeira?

Se precisa juntar 500 mil reais como meta financeira, quanto consegue economizar por mês? Digamos que consiga juntar 2 mil reais ao mês. Em 20 anos, terá alcançado sua meta financeira. Parece muito tempo, mas, se a cada 300 mil reais economizados você comprar ativos que gerem renda, como um apartamento para alugar, talvez 20 anos de economia baixem para 15 ou até mesmo 10.

Lembra-se do exemplo do rapaz que queria comprar um carro de 20 mil reais e como era impactante a diferença entre os dois cenários? Não ache impossível alcançar sua meta financeira, basta colocá-la no orçamento, e, aí, sim, poderá dizer onde estará em 10, 15 ou 20 anos.

Para alcançar a riqueza, ou seja, conseguir a meta de 500 mil reais, 1, 2 ou 10 milhões, inclua em seu orçamento, seja um fiel pagador do boleto imaginário, mesmo que, para isso, tenha que ligar no seu banco e pedir um débito automático para a aplicação financeira.

Esqueça o fator longo prazo, pois o longo prazo sempre chega, e, um dia, ele se torna curto prazo, acredite! Se não conseguir montar o controle financeiro no começo, peça ajuda. Atualmente, existem várias ferramentas disponíveis no mercado que auxiliam na montagem desse controle. E muitas delas são gratuitas. Mas precisará de empenho!

O fluxo de caixa é uma ferramenta de controle poderosíssima e vai ajudá-lo a entender onde está hoje, onde estará em 12 meses, em 5, 10, ou mesmo 30 anos. E, caso se ache velho para isso, afirmo que meus clientes acima de 60 anos têm ótimos perfis, pois suas despesas são menores, em comparação aos mais novos.

Antes de apresentar informações adicionais sobre fluxo de caixa, vamos reforçar o conceito:

- *Entradas*: todos os ganhos, como salário, reembolsos, adiantamentos, renda passiva com aluguel, dividendos etc.
- *Saídas*: todas as saídas de recursos, como contas de água, luz, telefone, mercado, financiamentos, escola, condomínio, "boleto imaginário" etc.

Se você fizer uma busca na internet, vai encontrar vários grupos de receitas e despesas para montar seu fluxo de caixa. Escolha o que mais se encaixa à sua realidade e comece logo esse exercício.

Como lhe sobra mais dinheiro ao final do mês?

a) ganhando mais;
b) gastando menos;
c) a + b.

Imagine que você resolva vender um ativo que gere dívida e, com o dinheiro, comprar um ativo que gere renda. Por exemplo: vendendo o seu apartamento grande e comprando dois menores, um dos quais você colocará para alugar, você vai aumentar suas entradas com aluguel e, teoricamente, reduzir suas saídas com condomínio, manutenção e IPTU. É um bom exemplo, pois você conseguirá ganhar mais e gastar menos. Agora, caso seu valor de *poder*, *reconhecimento social* e *segurança* sejam muito fortes, terá dificuldade em se desfazer do imóvel, mas, novamente, o que vale aqui é a consciência e a educação financeira. Faça, mas faça sabendo o que está fazendo!

A ideia aqui não é gerar sofrimento. É trazer à consciência que pode enriquecer, mas precisa conhecer seus valores e saber até onde terá força para enfrentá-los, sem que isso se torne uma tortura. Caso não consiga, siga o jogo, mas, agora, consciente!

Imagine que você tenha realizado seus exercícios de autoconhecimento, e, até mesmo, lido e pesquisado muito a respeito de sua missão, seus valores, seus talentos e suas habilidades, suas inteligências múltiplas e descobriu que adora pintar, mesmo sendo um engenheiro civil!

Você não precisa jogar tudo para o alto para virar pintor! Suas decisões não precisam ser tão sofridas. Mesmo sabendo que será um excelente pintor, não conseguirá jogar tudo para o alto, pois tem *família*, precisa de *segurança* etc.

É nesse momento que muitas vezes nos perdermos, ficamos resmungando, tristes por não estarmos satisfeitos em nossos empregos. Quem disse que transição de carreira é abandonar tudo o que fizemos até hoje? Se você tomar consciência da sua vontade de ser pintor, por que não começa fazendo cursos sobre pintura? Ou que tal comprar telas e testar se realmente ama pintar? Talvez descubra que é mais legal ser artesão. E de artesão para *designer* de interiores pode ser um caminho curto, e *design* de interiores para quem é engenheiro civil pode ser uma opção mais viável que a pintura. Use um dia da semana, parte do final de semana, e invista na sua missão, nos seus talentos. Adquira habilidade e faça tudo se divertindo, sem cobrança, sem querer o emprego ideal no dia seguinte. Talvez, aos poucos, começará a aumentar seu salário com uma renda extra, advinda de suas novas atividades. E, lá no orçamento de caixa, vai perceber que pode aumentar um pouquinho seus ganhos. Agora, imagine ao longo de 10, 20 ou mesmo 30 anos?

Decisões são difíceis, pois queremos sumir de nossos empregos em um dia e, no dia seguinte, nos tornarmos o novo Leonardo da Vinci. Desculpe a má notícia, mas acho que não é bem assim.

Lembre-se de que nada precisa ser tão trágico e sofrido. Faça a transição de forma planejada. Eu, por exemplo, ministro cursos e palestras no período noturno e aos fins de semana, mas continuo as atividades em minha empresa, sem qualquer estresse ou dano para ambas as carreiras. Aliás, agora, ao escrever este texto, são 1h23 de uma terça-feira, ou melhor, quarta-feira, e estou aqui, feliz e realizado, revisando meu livro pela terceira vez.

Quando tomei consciência dos ativos que geravam passivos, resolvi reduzir drasticamente meu consumo de bens de capital que aumentavam o custo de vida e destruíam meu potencial de obter riqueza. Essa é a parte da redução das despesas. Se é bem de capital, que gere renda; se for despesa, que seja o necessário e dentro de meu fluxo de caixa orçado.

Temos televisão a cabo para ficarmos 95% do tempo assistindo canais abertos? Precisamos realmente do plano de celular que temos? Será que não tem nada melhor? O local onde fazemos mercado realmente apresenta o melhor preço para os mesmos produtos ou estamos pagando pela comodidade?

Policie-se! Crie seu boleto imaginário! Você não precisa começar poupando valores altos. Seu salário costuma evoluir ao longo da vida. Não se torne escravo de seu PMT. Vá aos poucos! Seu fluxo de caixa real vai ajudando a redefinir seu orçamento. No entanto, tenha em mente qual sua meta financeira e a persiga. Descubra seu custo de vida, calcule sua meta financeira, identifique seus valores, seu propósito de vida, seus talentos, suas habilidades, e pense em um personagem que realmente admira. Isso vai gerar uma força extra para que você possa aumentar sua renda ou mesmo transitar de carreira de forma brilhante. Aplique em ativos que gerem renda o máximo que puder e, por último, monte seu controle financeiro, assim, conseguirá domar seu dinheiro!

1
2
3
4
B

"Extra-ação"

Além dos três tópicos abordados sobre *Teoria da Riqueza* (meta financeira, autoconhecimento vocacional e controle financeiro), existem algumas outras variáveis importantes no processo de concretização do projeto. Certamente, existem mais tópicos relevantes, mas vou atentar-me ao que costumo ressaltar aos clientes.

Quando queremos algo, primeiramente, detectamos o fato, depois nos planejamos e, por último, colocamos em prática, agimos!

Se você detectou qual sua meta financeira, se conheceu e criou seu orçamento de caixa, basta fazer o mais simples, porém o mais difícil: AGIR!

Às vezes, deixamos de agir pois o tempo do retorno é lento, então, desistimos. Gostaria de contar um pouco sobre curto, médio e longo prazo.

Usualmente, padronizamos curto, médio e longo prazo dizendo que é algo em torno de 1, 5, 10, 20 anos...

Pensemos: se estivermos falando em planejamento de carreira, 5 anos são longo prazo para alguém de 21 anos como são para alguém de 50? E um plano de previdência privada?

Três anos são longo ou curto prazo para um rapaz de 17 anos? Curto prazo? E se estivermos falando que seu objetivo é tornar-se jogador de futebol profissional, três anos continua curto prazo ou se torna longo prazo?

Imagine que você tenha 20 anos de idade e outra pessoa tenha 60 e ambos queiram começar um plano de previdência privada para se aposentar aos 70 anos. Para a pessoa de 60, 10 anos representa longo prazo, ao passo que, para você, talvez 10 anos seja curtíssimo prazo, principalmente em termos de plano de aposentadoria.

Pois é, o conceito de curto, médio e longo prazo não avalia um fato isolado, mas algumas variáveis envolvidas. Exemplo: tenho 20 anos de idade, e o objetivo é tornar-me um diretor de *marketing* aos 40 anos. Usando uma matemática simples, podemos dividir os 20 anos que restam da seguinte forma:

- Curto prazo: de 5 a 7,5 anos.
- Médio prazo: de 7,5 a 15 anos.
- Longo prazo: de 15 a 20 anos.

Ou podemos fazer algo assim:

- Curto prazo: de 1 a 2 anos.
- Médio prazo: de 2 a 15 anos.
- Longo prazo: de 15 a 20 anos.

Na verdade, não existe fórmula exata para a divisão dos anos que restam, o que existe é o bom senso em dividirmos o tempo que resta para a obtenção dos objetivos tendo como ponto a situação atual da pessoa ou do caso a ser analisado. As grandes conquistas não são imediatas, elas levam um tempo que não pode nos desmotivar. Em outras palavras, olhe com carinho para o que definir como longo prazo.

Seu chefe se irrita, pois você teve 30 dias para fazer um trabalho e hoje, na data combinada, não conseguiu entregar. No começo, você não fazia, pois ainda tinha 29 dias, 28, 27, 26... Enfim, procrastinou, não agiu. E faltando apenas um dia, você foi pedir ajuda à pessoa que poderia dar suporte, e adivinhe? Ela estava de férias! Sua primeira reação de defesa é: "Ela saiu de férias e não avisou. O que eu poderia fazer? Culpa dela!". Então, seu chefe percebe que, além de não concluir seu trabalho, você culpa os outros, e dispara: "A obrigação de entregar esse trabalho era sua, e, exatamente por eu saber que envolveria outras pessoas, dei um prazo de 30 dias e não de uma semana, contando com contingências".

Uma corrente de estresse invade seu corpo, você pensa horrores do chefe, pensa que a pessoa tirou férias apenas para prejudicá-lo, enfim, acha mil "desculpas verdadeiras" para tirar o peso do erro. Reconheça a falta de ação e siga em frente. Reconhecer a falha e *agir* é a melhor maneira de não fracassar novamente. Não se torne vítima, saia do lugar, mesmo sabendo que vai dar trabalho.

Você não consegue aquela promoção porque seu inglês não está afiado. Mas tudo bem, mês que vem fará seu curso, ou, quem sabe, no outro ano, afinal, agora comprou um carro e não tem dinheiro, ou mesmo porque a empresa ainda não está exigindo.

E, então, vem a notícia.

Seu vizinho de baia ao lado foi promovido e fará um programa internacional! E não importa se os pais pagaram o curso de inglês dele, se ele ganhou em um sorteio. Ele tinha, e você não.

Vendo por essa perspectiva, é fácil entender que conseguimos o que realmente queremos, mas que, muitas vezes, para conseguir o que queremos, temos que fazer o que não queremos, mesmo que temporariamente.

Analise o emprego que você conquistou. De certa forma, você agiu da maneira necessária para consegui-lo, estava no lugar certo, na hora certa. E o veículo que comprou? Como conseguiu? E as compras no supermercado, como conseguiu pagar? E a viagem que fez, deu certo por quê?

A mensagem aqui é muito simples: para tudo aquilo que queira realizar, é preciso agir; caso contrário, está sonhando, e sonhos devem ficar no seu lugar, no imaginário.

A diferença entre comprar um carro usado e um apartamento de luxo é que, no primeiro caso, seu nível de empenho e dedicação é menor e, para o outro, a exigência é bem maior. É nesse momento que criamos uma desculpa verdadeira para escaparmos do compromisso. Culpamos o governo, afirmamos que o vizinho tem sorte, que o outro nasceu em berço de ouro, e não percebemos o mais importante: talvez estejamos nos boicotando, e, muitas vezes, inconscientemente. Descubra por que se sabota e aja no sentido contrário (se quiser, é claro)!

Uma vez, assisti a uma palestra, e o palestrante dizia que nós somos uns tremendos preguiçosos, que desejamos a fortuna do próximo sem querer percorrer o caminho espinhoso que o outro percorreu. Queremos ficar ricos em um ano e não fazemos nada para isso.

Pessoas querem construir uma página na internet e vendê-la por 1 milhão de dólares, mas não querem conhecer programação, ou sequer procurar um programador. Não avaliam se o tipo de negócio é rentável e de interesse geral. Apenas pensam: "Amanhã uma grande empresa da internet vai bater à minha porta e me oferecer 1 milhão de dólares".

Lembro que no ano de 2004 uma pessoa que trabalhava comigo me enviou um convite para participar de um *site* chamado Facebook, pedindo para ser minha amiga virtual. Eu olhei aquilo e pensei: "Eu lá vou ficar anexando fotos minhas para outras pessoas ficarem olhando?".

Certamente Zuckerberg, Dustin, Saverin e Hughes não pensaram dessa forma. O *site* pode até ter nascido com um objetivo diferente, mas, durante anos, eles insistiram para fazer o negócio prosperar.

Será que você diria algo como: "Para que vou tentar fazer algo parecido com o Orkut?".

Pois é, o Facebook conseguiu! E ainda aprimorou.

Leia as histórias de *websites* bem-sucedidos e veja o tempo que as pessoas dedicaram para fazer dar certo.

Quantas pessoas você conhece que são "empreendedoras de tudo"? Elas sempre têm ideias, às vezes, muito boas, mas nunca conseguem seguir adiante. Quantas bandas de *rock* terminam antes de o grupo completar dois anos de estrada? Afinal, quem está realmente disposto a tocar em bares e restaurantes durante anos, tentando obter sucesso tocando para meia dúzia de pessoas? Leia as histórias de bandas de sucesso. Não são clichês, são reais. São muitos "*nãos*" antes do *sim*.

Pense em algo que realmente quer, mas seja coerente. Não queira abandonar sua bicicleta para comprar uma Ferrari, percorra o caminho, programe-se. Não fique no sofá de sua casa deitado, imaginando que receberá uma proposta de 3 mil reais, contra os atuais mil. Não é comum. Prepare-se e se planeje para ganhar 3 mil reais. Converse com pessoas. Entenda o que pode fazer para melhorar, no que deve se aprimorar, e aja!

O processo de evolução é realizado em etapas, não de forma abrupta. Talvez você até reúna os atributos necessários para ganhar os 3 mil reais, mas, mesmo assim, precisará agir a fim de encontrar o canal que o colocará em contato com a oportunidade, e não esperar que alguém ligue oferecendo emprego.

Nada acontece sem darmos o pontapé inicial. Durante anos, analisando meus clientes, vendo os colegas no ambiente pessoal e profissional, pude notar que existe algo em nós que nos trava. Quando pensamos em empreender um novo negócio, mudar de emprego, realizar a viagem dos sonhos, limpar o armário velho, trocar a lâmpada, algo nos imobiliza e é uma forte razão pela qual não realizamos nossos sonhos. A falta de ação é um dos principais fatores para não sairmos do lugar, se não o principal fator.

Não atribua ao mundo a culpa por não dar o primeiro passo. Nem o governo, a sua empresa, a chuva, o sócio, os impostos podem ter poder sobre o que você quer.

Imagine alguém que concorre diversas vezes no mundo da política e perde oito eleições. A mesma pessoa abrir um comércio e este falir. Sua companheira falecer. Então, essa pessoa tem um colapso nervoso. Pois é, estamos falando de Abraham Lincoln, ex-presidente dos Estados Unidos.

Agora, imagine um jornal que demite um funcionário alegando falta de criatividade. Seu nome? Walt Disney.

Podemos ficar horas e horas escrevendo sobre diversas personalidades e seus esforços na obtenção de sucesso, mas seria redundância. Para toda história de sucesso, certamente encontraremos persistência e, por que não dizer, teimosia.

Estes não são parágrafos motivacionais. Estamos lidando com fatos!

Existe uma história em especial que adoro citar em minhas palestras. As tentativas frustradas de Thomas Alva Edison de inventar a lâmpada elétrica. Alguns falam de 2 mil tentativas fracassadas em ligar a lâmpada, outros falam em 10 mil tentativas. Mas o que eu gosto mesmo é de seu comentário sobre os repetidos fracassos: "Eu não fracassei, apenas descobri milhares de maneiras incorretas para ligar uma lâmpada elétrica!".

Entende o poder disso? Existe uma diferença entre enxergar um copo de água meio cheio em vez de enxergá-lo meio vazio.

Nossa dificuldade de persistir, nossa facilidade em desistir de nossos sonhos e de vivermos uma rotina morna é o que nos coloca como coadjuvantes no teatro da vida, ao passo que outros brilham, destacam-se e arriscam.

Claro que, como escrevi anteriormente neste livro, temos nossos valores, nossos medos, nossas frustrações e nossos traumas, que nos imobilizam, mas, se ao menos soubermos quem somos e trouxermos essas questões à luz da consciência, muitas portas se abrirão, pois entenderemos que não devemos ficar atribuindo nossos problemas ao mundo exterior.

Foi muito difícil para que eu saísse da zona de conforto e escrevesse um livro, planejasse meus cursos e palestras. Eu tenho um bom emprego. Para que arrumar "sarna para me coçar"?

Em certa ocasião, tive uma cliente, empresária e proprietária de uma empresa com um faturamento muito bom. Ela alegava não gostar do que fazia. O *coaching* estava trazendo os primeiros resultados positivos, ou seja, o questionamento. Em uma sessão, ela veio até mim e disse:

– Já sei o que quero fazer. Vou vender minha empresa, comprar umas terras e plantar eucalipto.

– Você é agrônoma?

– Não.

– Sabe como funciona o negócio? Sabe quantas mudas precisará plantar? Qual o espaço necessário? Plantar eucalipto dá bicho na plantação? Você tem medo de bicho?

Fui provocativo, eu sei. Mas queria saber até onde ela queria ir com a ideia.

– Ah, deixa pra lá! – e deu risada.

Disse que ela não deveria desmotivar-se com minhas perguntas, pois eu só estava querendo entender se ela sabia o que estava fazendo, e ela me respondeu:

– Na verdade, estou pensando em vender minha empresa e achar um milagre para ganhar mais dinheiro sem fazer nada (ou bem pouco), e esse não é o caminho, eu sei disso.

Fiquei muito feliz com a resposta. Era uma forma de tomada de consciência. Hoje, ela sabe as coisas que a deixam feliz e qual o papel da empresa nesse contexto.

Pois é, nós realmente queremos as coisas de trás para a frente. Queremos primeiramente começar com a solução final, já ganhando dinheiro, tendo sucesso, sem trilharmos o caminho, o mapeamento para chegarmos lá.

Obviamente, minha cliente percebeu que plantar eucalipto não era a melhor solução. Ela foi brilhante no processo!

Lembra-se de quando comentei sobre meu filho e sobre mapear as possibilidades de carreira? É isso!

Se você, ao ler este livro, não parar para fazer os exercícios de custo de vida, de meta financeira, de missão, de hierarquia de valores, de talentos, de habilidades e colocar tudo em sua planilha, terá, ao fim, um bocado de informação que, sem ação, não lhe servirá de nada.

Após avaliar meus valores, minhas crenças, minhas habilidades e meus talentos, conhecer meus personagens motivadores e saber qual era minha missão, estou aqui, escrevendo livro, atendendo às pessoas e dando palestras. Não sei se terei sucesso financeiro com a empreitada, mas tenho o melhor que poderia imaginar: eu faço o que amo e recebo por isso!

Quando agimos da mesma forma, obtemos os mesmos resultados, simples assim. Não espere algo diferente.

Na vida, para o que decidirmos realizar, devemos nos empenhar para fazer da melhor forma. Nós temos que mudar parâmetros, ritmos e rotinas para obter sucesso, e é muito importante que possamos entender que nada disso será possível sem ação.

O maratonista, se parar por segundos para pensar que, além do primeiro e do segundo passo, terá que dar mais, em média, 40 ou 50 mil passos, desiste! Para correr a maratona, é preciso preparar-se, saber que o longo prazo deve ser respeitado, ter disciplina e, principalmente, a ação de *começar*.

Temos o costume de nos tornarmos objetos passivos das ações e nunca o sujeito delas. Temos o costume de nos vitimar, pois é a posição mais confortável e não requer desculpas em caso de fracasso.

Portanto, na novela chamada *vida*, não existe um roteiro entregue pelo diretor que defina quem será o mocinho ou o bandido. Vamos modelando a vida com base em nossos erros e acertos, mas uma coisa, esta sim, é certa: devemos agir, devemos ir à luta, devemos persistir, perseverar!

A *Teoria da Riqueza* é uma singela ajuda para definirmos objetivos de vida, conhecermos melhor a nós mesmos, acompanharmos nosso planejamento de vida e, por fim, mas não menos importante, concluir-mos que *Riqueza* é uma palavra que vai muito além de dinheiro.

Muita luz em seu caminho!

1
2
3
4

B

Bibliografia

Bortolini, A. L.; Guidolin, G. Descubra suas habilidades e capacidades. In: Medreis, R. *Habilidade*: descubra a sua e saiba como aperfeiçoá-la. 2014. Disponível em: <https://geniospontocom.wordpress.com/2014/01/24/habilidade-descubra-a-sua-e-saiba-como-aperfeicoa-la>. Acesso em: 23 jun. 2016.

Carnegie, D. *Como fazer amigos e influenciar pessoas*. São Paulo: Nacional, 2012.

Carroll, L. *Alice no país das maravilhas*. São Paulo: LP&M, 1998.

Cortella, M. S. *Qual é a tua obra?*: inquietações propositivas sobre gestão, liderança e gestão. Petropólis: Vozes, 2009.

Dewan, M. L. *The human value*. Nova Delhi: Concept, 1998.

Gardner, H. *Estruturas da mente*: a teoria das inteligências múltiplas. Porto Alegre: Artmed, 1995.

Happy: você é feliz? Direção: Roko Belic. Produção: Roko Belic, Frances Reid, Eiji Han Shimizu e Tom Shadyac. San Jose, CA: Emotional Content, Iris Films e Wadi Rum Films, 2011. 1 DVD (76 min), color.

Houaiss, A. (Ed.). Desenvolvido por Instituto Antônio Houaiss. *Houaiss eletrônico*. Versão 2009.3. Rio de Janeiro: Objetiva, 2009.

Huberman, L. *História da riqueza do homem*. Rio de Janeiro: Zahar, 1981.

I Am: você tem o poder de mudar o mundo. Direção Tom Shadyac. Produção: Dagan Handy. [S.l.]: Flying Eye, Homemade Canvas e Shady Acres Entertainment, 2010. 1 DVD (78 min), color.

Jobs, S. *Discurso na Universidade de Stanford – EUA*. 2005. Disponível em: <https://www.youtube.com/watch?v=nVA2OJ6pxGU >. Acesso em: 23 jun. 2016.

Kiyosaki, R.T.; Lechter, S. L. *Pai rico, pai pobre*: o que os ricos ensinam a seus filhos sobre dinheiro. Rio de Janeiro: Campus, 2000.

Lawson, J. *Endorfinas*: a droga da felicidade. Blumenau: Eko, 1998.

Lindstrom, M. *A lógica do consumo*. Rio de Janeiro: Nova Fronteira, 2009.

Superti, C. "Todo grande atleta é produto de treinamento", diz Oscar Schmidt. *Notícias do Dia*, Camboriú, 17 ago. 2013. Disponível em: <http://ndonline.com. br/vale/noticias/96068-ldquo-todo-grande-atleta-e-produto-de-treinamento -rdquo-diz-oscar-schmidt.html>. Acesso em: 26 jun. 2016.

SOBRE O LIVRO
Formato: 16 x 23 cm
Mancha: 11 x 18,5 cm
Papel: Offset 90 g
nº páginas: 120
1ª edição: 2016

EQUIPE DE REALIZAÇÃO
Assistência editorial
Liris Tribuzzi

Assessoria editorial
Maria Apparecida F. M. Bussolotti

Edição de texto
Gerson Silva (Supervisão de revisão)
Balão Editorial (Preparação do original e copidesque)
Adriana Moura e Roberta Heringer de Souza Villar (Revisão)

Editoração eletrônica
Évelin Kovaliauskas Custódia (Capa, projeto gráfico e diagramação)
Douglas Docelino (Ilustrações)

Impressão
EDELBRA GRÁFICA LTDA.